Cezar Braga Said
Sylvia Vianna Said

CATANDUVA SP
2022

MEDITAÇÃO

ESPIRITISMO

A contemplação, a meditação provocam o despertamento das faculdades psíquicas, e, através delas, todo um mundo invisível abre-se às nossas percepções.

Aquele que se recolhe no silêncio e na solidão, diante dos espetáculos do mar ou das montanhas, sente nascer, elevar, crescer em si mesmo imagens, pensamentos, harmonias que o arrebatam, encantam, consolam das misérias e abrem-se-lhe as perspectivas da vida superior. Compreende, então, que o pensamento de Deus nos envolve e nos penetra quando, longe das torpezas sociais, sabemos abrir-lhe nossas almas e nossos corações.

LÉON DENIS*

---

* Léon Denis. *O grande enigma: Deus e o Universo*. Trad. Maria Lucia Alcantara de Carvalho. 3. ed. Rio de Janeiro: CELD, 2011. Segunda parte, "O livro da natureza", capítulo XIV, "Elevação", pp. 157–158.

3

SUMÁRIO

?
PREFÁCIO
14

1
CONCEITUANDO
20

2
O REINO INTERNO
34

3
MEDITAÇÃO NAS OBRAS
DE ALLAN KARDEC
44

4
A POESIA MEDITATIVA
DE LÉON DENIS
74

5
O OLHAR DE EMMANUEL
88

6
O SILÊNCIO COM MEIMEI
112

7
ALLAN KARDEC MEDITAVA?
130

8
A PROPOSTA
DE JOANNA DE ÂNGELIS
142

9
OS BENEFÍCIOS
DA MEDITAÇÃO
178

10
CONCLUINDO
188

M
MOMENTO ESPÍRITA
198

PREFÁCIO

À LUZ DOS CONHECIMENTOS ESPÍRITAS, O SER HUmano é, por natureza e essência, um ser divino, criado no amor, pelo amor e para o amor.

Evoluindo ao longo dos milênios, pelas múltiplas encarnações, experimentamos o despertar gradual de nossa herança sagrada. Conquistamos conhecimentos e despertamos sentimentos que nos habilitam a voos espirituais mais altos. Cada vivência é uma oportunidade sagrada de nos encontrar com nós mesmos, despertar competências, desenvolver habilidades e estabelecer conexões afetivas que nos sustentem no caminho do progresso.

O êxito de uma programação encarnatória depende muito da conexão de cada um com sua história e do nível de autoconsciência. Depende também da dedicação ao autoconhecimento e à autossuperação no transcurso das provas necessárias ao aprimoramento. Para isso, muitos auxílios são necessários.

A prática da oração é recurso fundamental de conexão com o Alto e fortalecimento, tanto quanto a da meditação é de centramento e aprofundamento em si mesmo. Todos trazemos na intimidade um centro de força e poder que nos cabe acessar, um lugar de calma e serenidade de onde emana a presença viva do Pai em nós.

Essas podem parecer palavras bonitas e sem fundamento na experiência daqueles que vivem submersos nos conflitos existenciais. Porém, é experiência real e sólida para quem medita e se exercita na arte de aquietar o próprio coração, o pensamento, e na de contemplar os mundos interno e externo, estabelecendo conexão com o mais profundo.

Muito se fala, no movimento espírita, do estudo que liberta, mas a contemplação que aquieta e acalma o coração é pouco abordada. As informações são essenciais à aquisição de cultura; a vivência, à aquisição de sabedoria. É na prática que o espiritismo se incorpora em nós como uma filosofia libertadora. E o que há de mais espiritual que saber-se imortal e filho de Deus? Mais que isso: viver a experiência material em sintonia com a realidade espiritual?

Meditar e contemplar, portanto, são formas de estabelecer uma conexão com o divino e de alimentar o coração, tanto quanto o corpo, com saúde integral. A ciência registra fartamente os efeitos benéficos da meditação no organismo humano, demonstrando que meditar é recurso de saúde.

Os autores desta obra, Cezar e Sílvia, com muito cuidado, competência e sensibilidade, nos convidam a um mergulho interno. Fazem a ponte entre os conhecimentos psicológico e científico e a doutrina espírita, trazendo pérolas da literatura mediúnica e da reflexão espiritual. Com isso, oferecem enorme apoio a todos que desejam exercitar o autoconhecimento e a autopercepção seguindo os caminhos da meditação.

Que as linhas traçadas com zelo e fidelidade doutrinária falem ao seu coração, servindo como um convite para aquietar-se, contemplar a grandeza do Pai nas naturezas de dentro e de fora. Acima de tudo, escutar Deus na intimidade do seu coração.

ANDREI MOREIRA
[Médico homeopata, consteladora familiar, autor e palestrante. Membro da Associação Médico-Espírita de Minas Gerais (AMEMG)]

*Meditar e contemplar
são formas de estabelecer
uma conexão com o divino
e de alimentar o coração,
tanto quanto o corpo,
com saúde integral.*

*Que as linhas traçadas nesta
obra com zelo e fidelidade
doutrinária falem ao seu
coração, servindo como
um convite para aquietar-se,
contemplar a grandeza
do Pai nas naturezas
de dentro e de fora.
Acima de tudo, escutar
Deus na intimidade
do seu coração.*

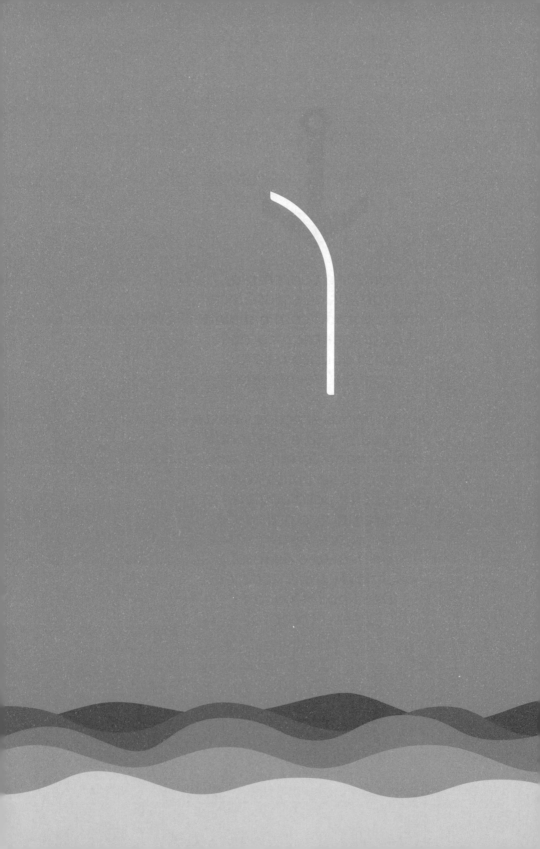

CONCEITUANDO

1

Um ser humano é parte de um todo, chamado por nós o "Universo", uma parte limitada no tempo e no espaço. Experimenta a si mesmo, seus pensamentos e sentimentos, como algo separado do resto – uma espécie de ilusão óptica de sua consciência. Essa ilusão é uma espécie de prisão para nós, restringindo-nos aos nossos desejos pessoais e ao afeto por algumas pessoas mais próximas de nós. Nossa tarefa deve ser libertar-nos desta prisão, ampliando nossos círculos de compaixão para abraçar todas as criaturas vivas e toda a natureza.

O LIVRO TIBETANO DOS MORTOS [1]

---

1   Texto sagrado no Tibete. A intenção é guiar a consciência de uma pessoa por momentos a serem experienciados por ela após a morte. É o texto tibetano mais difundido internacionalmente, e sua compilação, do século VIII a.C., é atribuída ao mestre Padmasambhāva. [*O livro tibetano dos mortos*. São Paulo: Pensamento Cultrix, 2020, W.Y. Evans-Wentz (org.)]

É CRESCENTE O NÚMERO DE PESSOAS QUE SE INTE-ressam por meditação. O número de livros publi-cados por diferentes editoras sobre o assunto vem aumentando cada vez mais. Tais publicações nos infor-mam sobre pesquisas, técnicas e benefícios cientifica-mente comprovados que as práticas meditativas pro-porcionam em nossa saúde – mental, emocional, física e relacional; em um sentido mais amplo, nossa saúde espiritual.

Também no meio espírita, observamos a presença de conteúdos – trechos de livros, artigos, palestras e oficinas– que nos dão a certeza de que essa temática já se encontra na pauta do dia. Constatar isso nos faz pensar que estamos recebendo um convite dos Espíritos amigos para uma reflexão sobre o quanto ser espírita e meditar não são posturas nem caminhos excludentes. São vias que convergem para um mesmo objetivo. Em uma linguagem simbólica, são rios que desaguam no mesmo oceano de paz, amor e compaixão no qual todos desejamos navegar.

Daniel Goleman, em seu livro *A arte da meditação*,[2] diz que

> *a meditação é, em essência, o treinamento sistemático da* **atenção**. *Ela tem como objetivo desenvolver a capacidade de* **concentração** *e enriquecer nossa* **percepção**. [destaques nossos]

Goleman é psicólogo formado em Harvard e autor do livro *Inteligência emocional*,[3] um *best-seller* nos anos 1990. Juntamente com Richard J. Davidson[4] e Jon Kabat--Zinn,[5] dedica-se a estudar a meditação desde a década de 1970. Por diversas vezes, inclusive, dialogaram com o Dalai Lama,[6] trocando ideias e recebendo orientações seguras. São autores que citaremos ao longo destas páginas e do percurso que faremos com você.

---

[2] Daniel Goleman. *A arte da meditação*. 2. ed. Rio de Janeiro: Sextante, 1999. p. 69.
[3] Idem. *Inteligência emocional*. Rio de Janeiro: Objetiva, 1995.
[4] Richard J. Davidson, ph.D. em psicologia pela Universidade de Harvard, pesquisador em psicologia, psiquiatria e professor na Universidade de Wisconsin, em Madison.
[5] Jon Kabat-Zinn, ph.D. em biologia molecular, médico e professor da faculdade de medicina da Universidade de Massachusetts e criador do Programa de Redução do Estresse Baseado na Atenção Plena (MBSR).
[6] Tenzin Gyatso é o décimo quarto Dalai-lama, líder espiritual e temporal do povo tibetano. Ele vive no exílio, na cidade de Dharamsala, Índia. Foi agraciado com o prêmio Nobel da Paz em 1989. A expressão *dalai-lama* significa "oceano de sabedoria".

Além da definição técnica oferecida por Goleman, precisamos dizer que meditar vem do latim *meditare* e significa voltar-se para o interior, entrar em introspecção, voltar-se para si mesmo. Realmente, voltarmo-nos para nós mesmos é fundamental. Quando distantes da nossa essência, ficamos desorientados, desconectados do nosso eixo, distraídos do propósito da vida e do sentido da nossa própria evolução.

Tal significado guarda relação direta com a questão 919 de *O livro dos Espíritos*,[7] que nos propõe o autoconhecimento como meio prático e eficaz para melhorarmos nesta vida e resistirmos à atração do mal. Mal este, aliás, que é a expressão da treva interna, das ilusões narcísicas e passageiras de poder, riqueza, vaidade e orgulho que construímos e ainda mantemos em nós. Por causa disso, permanecemos em um estado de sono e cativeiro, precisando despertar e nos libertar para fruirmos da herança divina que carregamos no peito, oculta na própria alma. Uma herança belissimamente citada pelo apóstolo Paulo em sua *Carta aos romanos* [8:17]. Também ele dirá, em sua *Carta aos efésios* [5:8], que somos filhos da luz e precisamos andar, seguir pelos caminhos do mundo portando-nos como tal.

---

[7] Allan Kardec. *O livro dos Espíritos*. Trad. Guillon Ribeiro. 93. ed. Brasília: FEB, 2013. Parte terceira, "Das leis morais", capítulo XII, "Da perfeição moral", seção "Conhecimento de si mesmo", item 919, pp. 408–409.

Sim! Eu, você, todos que estamos na Terra já somos portadores de luz! Não de toda a luz que desejamos e precisamos, mas a luz que, apesar das nossas limitações, já conseguimos desenvolver. Aceitar isso não nos deve fazer vaidosos, presunçosos ou orgulhosos; na verdade, essa percepção nos conduz ao reconhecimento da nossa origem divina, dessa marca essencial posta em nós pelo Criador.

Lembremo-nos de que Allan Kardec afirma, em *O Evangelho segundo o espiritismo*,[8] que o verdadeiro espírita se reconhece também pelo esforço que faz em domar as suas más inclinações, mas em momento nenhum o codificador nega que tenhamos boas inclinações. É que as primeiras, as chamadas más, decorrentes da nossa ignorância, precisam ser transformadas, e as segundas, as boas, apenas aperfeiçoadas.

A meditação diária e contínua, juntamente com o estudo e as tarefas propostas a nós pela doutrina espírita, ajuda muito nesse processo de transformação que abraçamos como caminho para crescer e ampliar a luz interior. Ela é uma ferramenta a mais para o autoconhecimento.

---

[8] Idem. *O Evangelho segundo o espiritismo*. Trad. Guillon Ribeiro. 131. ed. Brasília: FEB, 2013. Capítulo XVII, "Sede perfeitos", seção "Os bons espíritas", item 4, pp. 234–235.

Como autores deste livro, entendemos a importância de conhecer algo acerca das suas origens e propostas. Pois, a partir desse conhecimento mais amplo e à luz do espiritismo, podemos prosseguir mais bem equipados na desconstrução das nossas ilusões pessoais, despertando as potencialidades adormecidas.

Mas, afinal, quando surgiu essa história de meditação? Você sabe algo sobre esse tema?

É difícil assinalar precisamente em que local e como teve início tal prática milenar. Pesquisadores levantam a hipótese de que tribos primitivas, na Pré-História, aprenderam a meditar a partir da observação noturna das fogueiras e do céu estrelado. Do mesmo modo que o olhar fixo em cachoeiras, pássaros, nuvens, rios e mares era o prenúncio não apenas de um desejo embrionário de saber e descobrir a origem das coisas, mas também os rudimentos de um encanto e de uma sensibilidade ainda não totalmente alcançados por nós no início do século XXI. Sem dúvida, a observação do sol nascente e do sol poente, as sensações provocadas pelos ventos fortes e pelas brisas suaves, a observação do fogo, o cair da chuva amena e delicada ou mesmo o som estridente das tempestades furiosas são quadros naturais que despertaram, aos poucos, uma contemplação silenciosa, temerosa e reverencial no ser primitivo.

Encontramos nos mais diversos povos da antiguidade – assírios, caldeus, egípcios, babilônios, hebreus, celtas, romanos, hindus, gregos e chineses – referências sobre a prática meditativa. Cremos que ela tenha vindo de forma mais elaborada com os Espíritos oriundos de

Capela, uma grande estrela na constelação do Cocheiro, como informa o Espírito Emmanuel na obra *A caminho da luz*,[9] psicografada pelo querido Chico Xavier. Trazida por esses Espíritos em degredo na Terra, difundiu-se e desenvolveu-se em diferentes culturas, diversificando-se de tal maneira que hoje é difícil precisar quantas técnicas de meditação existem, embora possamos nos referir às grandes e conhecidas tradições, especificando suas respectivas propostas.

Parafraseando Daniel Goleman, diremos que a maioria das escolas de meditação são ecléticas, isto é, se utilizam de uma variedade de técnicas das diversas abordagens e fazem certas concessões às necessidades individuais de cada pessoa. A partir do conhecimento básico de tais escolas e de suas respectivas propostas, cada um de nós pode escolher a escola meditativa e a prática que melhor se adéquem ao nosso tempo, às nossas condições físicas e à nossa personalidade.

A espinha dorsal das reflexões iniciais e das demais que apresentaremos nas páginas seguintes repousa na Codificação Espírita e nas chamadas obras subsidiárias. Isso inclui a série psicológica trazida pelo Espírito Joanna de Ângelis por intermédio da mediunidade de Divaldo Franco desde o fim da década de 1980.

---

[9] Espírito Emmanuel, Francisco Cândido Xavier. *A caminho da luz*. Brasília: FEB, 2010, 37ª ed.

Se você nunca viveu uma experiência meditativa, que tal experimentar agora, neste instante, uma prática simples de meditação a fim de começar sua incursão nesse universo? Ao longo do livro, você encontrará, ao término de cada capítulo, uma sugestão de prática. Você é livre para fazê-la ou não. Nosso objetivo é alternar noções teóricas e a possibilidade de vivenciar e sentir, desde já, o ato de meditar.

Meditar significa voltar-se para o interior, entrar em introspecção, voltar-se para si mesmo. Quando distantes da nossa essência, ficamos desorientados, desconectados do nosso eixo, distraídos do propósito da vida e do sentido da nossa própria evolução.

Sugestões de leitura e aprofundamento

- Daniel Goleman. *A arte da meditação*. Sextante.
- Daniel Goleman. *A mente meditativa*. Ática.
- Jon Kabat-Zinn. *Meditação é mais do que você pensa*. Planeta.

Vamos meditar?

- Sugerimos que você pare exatamente na posição em que estiver neste momento.

- Faça um contato com suas mãos e observe, sem pressa, a maneira como elas seguram o livro. Lembre-se: sem pressa.

- Olhe para os seus dedos e para toda a extensão de suas mãos. Perceba as nuances de forma, de cor e do que mais chamar a sua atenção enquanto olha. Sinta o tato, o peso das suas mãos e do livro, a sensibilidade do toque nas folhas.

- Embora você saiba que está respirando, procure agora simplesmente perceber a respiração.

- Demore-se nisso por alguns instantes, talvez um minuto.

- Depois, procure se dar conta de como se sente. Talvez haja certa impaciência e você se perceba pensando que isso não é interessante ou útil. Pode ser que haja alegria em redescobrir nessa pausa um contato diferente com o seu corpo e algumas sensações sutis em meio a tanta correria no dia a dia.

- Se até aqui essa experiência trouxer algum desprazer, você poderá interrompê-la, e essa terá sido a *sua* experiência. Está tudo certo.

- Se, ao contrário, tiver interesse em se manter ancorado no campo das percepções, renove e amplie a sua intenção para a observação de outras partes do seu corpo. Apenas testemunhe suas sensações por mais alguns instantes, sem querer controlar ou mudar nada. Simples assim.

2

2

O REINO
INTERNO

> *O Reino de Deus não vem de modo visível,*
> *nem dirão: Vede aqui ou vede ali,*
> *pois o Reino de Deus está dentro de vós.*
>
> LUCAS 17:20-21

Um recanto seguro

Há, em cada criatura,
um recanto seguro
para falar ou
escutar a Deus...
Uma paisagem
desértica, um
jardim florido,
um córrego em festa...
Um amanhecer
risonho,
uma tarde chuvosa...
Uma canção ao longe,
um rosto de criança,
um campo bucólico,
alguém em
sofrimento...
A magia de um poema,
a glória de um
amanhecer,
a policromia de
uma pintura...
Uma frase da Bíblia,
uma conversação
edificante,
um relato comovedor,
um gesto de sacrifício,
uma oração...
Há, em toda criatura,
um recanto seguro,
que se alcança
através de algum
desses convites
naturais,
onde se sente, se fala,
se ouve a Deus,
e o seu amor está
mais próximo,
é mais envolvente.

JOANNA DE ÂNGELIS [10]

---

10 Espírito Joanna de Ângelis, Divaldo Pereira Franco. *Filho de Deus.* Salvador: LEAL, 2016.

COMO AFIRMA O ESPÍRITO JOANNA DE ÂNGELIS, DE modo poético e profundo, todos, sem exceção, possuímos um espaço divino, um recanto interior que precisa ser acessado e visitado com maior frequência. Um "lugar" interno, subjetivo, sagrado e delicado, que precisa ser descoberto, frequentemente visitado e permanentemente cultivado. Podemos dizer que tal espaço é o reino dos céus que se encontra dentro do próprio homem, e que não vem com aparências externas, conforme a epígrafe com a qual iniciamos este capítulo.

Esse recanto, para ser acessado, pede que desaceleremos, silenciemos, respiremos com mais consciência e vivamos o aqui e o agora, a fim de nos reconciliarmos com o passado com calma e sem precipitação, planejando o nosso futuro.

É o Mestre Jesus quem afirma que, a cada dia, basta o seu mal [*Mateus* 6:34], convidando-nos nessa mesma toada a observar, refletir e meditar sobre os lírios que medram nos campos e as aves que voam nos céus [*Mateus* 6:25–34].

Um recurso muito lembrado e solicitado em nossos espaços espíritas (centros, grupos, associações etc.) e que facilita bastante o contato com a nossa natureza interna é o silêncio.

De modo geral, recomendam-se silêncio, recolhimento e oração como fatores importantes para a higiene mental, para a pausa no corre-corre cotidiano, e como preparação para as reuniões doutrinárias abertas ou privadas, facilitando, assim, uma mudança em nossa sintonia mental. O silêncio, aliás, obtemos não apenas fechando a boca, mas nos asserenando por dentro, diminuindo as ansiedades, preocupações e ruídos internos, enquanto escutamos a própria alma. Não se trata de voto de silêncio, mas da prática do ato de silenciar.

Precisamos de silêncio para desenvolver uma escuta profunda e delicada acerca das dores e dificuldades vividas por aqueles que nos cercam, quer isso ocorra em um atendimento fraterno, em uma reunião mediúnica, em um trabalho assistencial, nas ruas ou mesmo em nossos próprios lares. Silêncio para ouvir uma música, a estrutura melódica de uma poesia, o vento que passa, as ondas do mar, um pássaro que canta, o barulho da chuva, a inspiração dos bons Espíritos que tentam incessantemente nos ajudar.

Silenciar, desacelerar, viver o hoje, sentir a própria respiração, penetrar em nosso recanto seguro – esse reino interno que nos constitui –, cuidarmo-nos como um todo: física, mental, emocional e espiritualmente. Graças a isso, forjamos, com alegria e paz, zelo e carinho, o alicerce de uma profunda atitude de autoamor, que é a base natural e imprescindível para o amor ao próximo.

A meditação, enfim, é uma prática capaz de nos fazer entrar mais facilmente em contato com esse espaço divino, desde que haja boa vontade, livre de preconceitos da nossa parte, e isso sem renunciar à racionalidade, ao bom-senso e à observância do critério de universalidade dos ensinamentos de Allan Kardec.

Silenciar, desacelerar, viver o hoje, sentir a própria respiração, penetrar em nosso recanto seguro, cuidarmo-nos como um todo: física, mental, emocional e espiritualmente. Graças a isso, forjamos o alicerce de uma profunda atitude de autoamor, que é a base natural e imprescindível para o amor ao próximo.

Sugestões de leitura e aprofundamento

› Thich Nhat Hanh. *O milagre da atenção plena*. Vozes.
› Anselm Grün e Leonardo Boff. *O divino em nós*. Vozes Nobilis.
› Jalâl Rûmi. *O mundo interior*. Maitreya.

Vamos meditar?

- Convidamos você a fazer uma pausa na leitura para perceber como está o seu corpo agora. Não precisa mudar de posição nem alterar coisa alguma.

- Como você se sente nessa postura? Confortável? Desconfortável? Tenso? Relaxado? Há alguma dor ou uma sensação diferente? Apenas perceba e responda para você mesmo, sem explicações nem julgamentos.

- Agora, sim, aos poucos e bem devagar, escolha e ajuste uma postura confortável para você nesse momento.

- Nessa postura estável, encontre a sua respiração e procure sentir o ar entrando e saindo do seu corpo. Apenas observe, sem o desejo de superar nada. Experimente fechar suavemente os olhos. Isso costuma ajudar bastante a manter a atenção.

- Pelo próximo minuto, torne-se um observador fiel da respiração acontecendo em seu corpo. É possível que você sinta alguns movimentos musculares ou tenha sensações peculiares durante a inspiração e a expiração que fluem pelo seu corpo. Talvez você possa aguçar a sua curiosidade e reparar como e quais partes do seu corpo se mexem enquanto respira. Apenas isso, mais nada.

- Não se importe com possíveis ruídos, desconfortos ou pensamentos. Não são necessariamente obstáculos. Assim que os perceber, retorne gentilmente à intenção de sentir a respiração. Você pode fazer isso quantas vezes for necessário, pois isso não é um problema. Ao contrário, faz parte da sua experiência.

- Depois de alguns instantes em que essa dedicação for viável, abra calmamente seus olhos. Mova o corpo devagar, espreguiçando-se e testemunhando as sensações.

- Perceba como se sente após a prática, acolhendo toda e qualquer impressão, seja ela qual for.

MEDITAÇÃO NAS OBRAS DE ALLAN KARDEC

*Quando alcançamos a vida universal, que é
a vida moral, nos tornamos livres dos laços
do prazer e da dor, e o lugar vago por nosso
ego torna-se cheio de uma alegria inefável,
que brota do amor incomensurável.*

RABINDRANATH TAGORE [11]

---

[11] Nascido em Bengala [1861–1941], na Índia, foi poeta, educador, romancista, pintor, educador, reformador literário e social. Foi o primeiro não europeu a ganhar o prêmio Nobel de Literatura, em 1913. Tagore foi também amigo de Gandhi e lutou pela independência da Índia. Pela mediunidade psicográfica de Divaldo Franco, nos trouxe verdadeiras preciosidades que merecem leitura, reflexão e meditação. *Sadhana: a compreensão da vida*. Livro de Rabindranath Tagore, publicado por Casa das Letras, 2015, localizada em Estrela, RS, e com tradução de Leonardo H. Brockmann.

NA *REVISTA ESPÍRITA*[12] E NO CHAMADO PENTATEU-co espírita,[13] a palavra meditação aparece em inúmeros trechos.

Tais obras ressaltam, de modo contínuo, a necessidade de crescimento intelectual e moral dos que procuram estudá-las, compreendê-las e vivenciá-las.

Sabemos que esse crescimento intelecto-moral se dá por meio do estudo, do autoconhecimento e da prática da caridade em nossas relações, mas não atinamos ainda para o fato de que meditar pode alavancar esse processo, constituindo-se em uma ponte formidável, um elo importante entre esses vários aspectos.

---

12 Allan Kardec. *Revista espírita: jornal de estudos psicológicos.* Trad. Evandro Noleto Bezerra. Brasília: FEB. 12 vols. Edições da revista publicadas originalmente sob a direção de Allan Kardec no período de 1858 a 1869.

13 O pentateuco espírita é a base da doutrina espírita, sendo composto por cinco livros publicados por Allan Kardec entre os anos de 1857 e 1868: *O livro dos Espíritos, O livro dos médiuns, O Evangelho segundo o espiritismo, O céu e o inferno* e *A gênese.*

O tema meditação ainda é pouco explorado na literatura espírita dos nossos dias; cremos que mais por desconhecimento do que propriamente por preconceito.

É o que nos informa a equipe do Projeto Manoel Philomeno de Miranda na apresentação da obra *Consciência e mediunidade*:

> A ponte meditação tem sido pouco examinada em nossos arraiais espíritas e menos ainda praticada. De um certo modo, participamos dessa inércia no Ocidente com relação ao tema, preferindo as lutas nervosas da exterioridade, o intérmino passeio pela superfície de nós mesmos [...][14]

Na época de Kardec, a meditação estava essencialmente atrelada às culturas orientais, era pouco conhecida no Ocidente e tinha um colorido de prática esotérica, ligada a certas escolas iniciáticas.

Por isso, a palavra aparece nas páginas das obras de Kardec de modo multifacetado, ou seja, como um convite à reflexão, ao recolhimento, à concentração, à atenção e ao silêncio, e não exatamente com a amplitude e a profundidade que os estudos, as pesquisas e as experiências científicas atuais conferem ao ato de meditar.

---

[14] João Neves, José Ferraz, Nilo Calazans, Espírito Joanna de Ângelis, Divaldo Franco. *Consciência e mediunidade*. 7. ed. Salvador: LEAL, 2003. p. 9.

Tais experiências científicas[15] são unânimes em atestar os inúmeros benefícios que semelhante prática proporciona a todos aqueles que lhe reservam alguns minutos diários, prática que pode se dar em casa, no trabalho, na condução, em um banco de praça, em uma caminhada ou mesmo na casa espírita que frequentamos.

Meditar nos ajuda a passar do *modo atuante* para o *modo existente*, isto é, do automatismo diário com que vivenciamos nossas rotinas para a maior atenção e uma consequente consciência do que fazemos, como fazemos e quando fazemos.

Isso amplia a percepção do que pensamos, sentimos e fazemos, e nos dá uma sensação de alívio das tensões e pressões, promovendo uma desaceleração significativa nos pensamentos.

Na prática, amplia o conhecimento de nós mesmos, conferindo mais foco e ação e menos reação em nossos relacionamentos.

A meditação promove o desligamento gradativo do piloto automático que também ligamos, mesmo que bem-intencionados, nas tarefas espíritas, e onde, por força do hábito, da pressa de progredir, saldar dívidas espirituais e transformar débitos em créditos, nos tornamos fazedores compulsivos de palestras, recebedores de Espíritos, planejadores profissionais de encontros,

---

15 Consultar o capítulo 3 do livro *Atenção plena: mindfulness*, de Mark Williams e Danny Penman, publicado pela Sextante. Essa é apenas uma dentre tantas obras que apresentam resultados cientificamente comprovados.

fomentando mais quantidade do que qualidade, aceleração do que consciência plena do que fazemos.

Pausas são necessárias para descanso, reflexão, revisão, ressignificação e realinhamento do nosso *modus operandi* interno. Elas nos ajudam a obter mais prazer e plenitude em nossas tarefas.

Sem pretensões de concluir o assunto e de encerrar as reflexões com a nossa opinião, apresentaremos a seguir algumas ligeiras citações do verbete *meditação* presentes em cada obra do pentateuco, para, gradativamente, nos aprofundar no assunto.

E você, adepto do espiritismo que nos lê neste instante, é livre para concordar ou discordar dos nossos pensamentos e conclusões. Mas, se nos permite uma sugestão, tente fazer tal exercício reflexivo sem pré-conceitos!

O livro dos Espíritos

Na terceira parte desse livro fantástico, em "Lei de adoração", Allan Kardec faz aos Espíritos uma pergunta categórica a respeito dessa temática:

> *657. Têm, perante Deus, algum mérito os que se consagram à vida contemplativa, uma vez que nenhum mal fazem e só em Deus pensam?*
>
> *"Não, porquanto, se é certo que não fazem o mal, também o é que não fazem o bem e são inúteis. Demais, não fazer o bem já é um mal. Deus quer que o homem pense nele, mas não quer que só nele pense, pois que lhe impôs deveres a cumprir na terra. Quem passa **todo o tempo** na meditação e na contemplação nada faz de meritório aos*

olhos de Deus, porque vive uma vida toda pessoal e inútil à Humanidade e Deus lhe pedirá contas do bem que não houver feito."[16] [destaque nosso]

Fizemos questão de destacar em negrito no texto anterior a expressão "todo o tempo", pois, em momento algum as práticas modernas de meditação estudadas no meio acadêmico ou as citações e propostas apresentadas pelo Espírito Joanna de Ângelis sugerem que alguém passe todo o seu tempo e, consequentemente, toda a sua vida em uma prática meditativa.

Por outro lado, alguém que tenha assimilado o real sentido de meditar e tenha adquirido o hábito da meditação reconhece o quanto podemos, nas diferentes tarefas do cotidiano, estar imbuídos do *espírito meditativo* sem estar em uma posição específica, com os olhos fechados, emitindo algum tipo de som, recitando um mantra, praticando visualizações ou algo do gênero.

Trata-se de um estado íntimo que, associado à oração e à prática do bem, como sugere o espiritismo, nos possibilita dar passos gradativos e significativos em termos de autoconhecimento, de diminuição do estresse, da ansiedade e do medo, de melhora da imunidade, de desaceleração do pensamento, de aumento da concentração e de maior equilíbrio emocional, trazendo um pouco mais de harmonia para a nossa vida como um todo.

---

[16] Allan Kardec. *O livro dos Espíritos*. Trad. Guillon Ribeiro. 93. ed. Brasília: FEB, 2013. Parte terceira, "Das leis morais", capítulo II, "Da lei de adoração", seção "Vida contemplativa", item 657, p. 307.

Ainda temos em *O livro dos Espíritos*, no capítulo V da terceira parte, as questões relativas às privações voluntárias e mortificações,[17] e, no capítulo VII, "Da lei de sociedade", as que tratam da vida de insulamento e do voto de silêncio.[18]

Vale também uma leitura com mais vagar – e com o intuito de estabelecer algumas reflexões sobre o tema meditação – de todo o capítulo VIII da segunda parte dessa mesma obra. Nele, Kardec analisa as questões relativas à emancipação da alma.

O codificador ainda acrescenta na seção V da conclusão desse mesmo livro, ao escrever sobre o desenvolvimento das ideias espíritas, que elas passaram por períodos distintos.

Inicialmente, o da *curiosidade* que os fenômenos despertaram. Depois, o do *raciocínio e da filosofia*, e, posteriormente, o da *aplicação das ideias espíritas na vida prática com suas respectivas consequências*. Kardec afirma que a curiosidade dura pouco e que, satisfeita, muda de objeto, mas que o *mesmo não ocorre com o que desafia a* **meditação séria** *e o raciocínio*.

---

[17] Ibidem. Parte terceira, "Das leis morais", capítulo V, "Da lei de conservação", seção "Privações Voluntárias. Mortificações", itens 718–727, pp. 332–334.

[18] Ibidem. Parte terceira, "Das leis morais", capítulo VII, "Da lei de sociedade", seção "Vida de insulamento. Voto de silêncio", itens 769–772, pp. 348–349.

Ao distinguir a meditação do raciocínio, ainda que ambos se entrelacem e se complementem, fica claro que ambos possuem funções distintas.

Enquanto raciocinar é desenvolver uma linha de pensamento, desdobrando esse pensar em uma ou mais reflexões, meditar tem o sentido de interiorizar, é um trabalho mais sutil, paciente, delicado, silencioso, artístico, intuitivo mesmo. Está ligado ao sentir e não ao pensar.

Por isso, o codificador salienta no capítulo VIII da "Introdução ao estudo da doutrina espírita" que semelhante estudo precisa ser apoiado na *regularidade*, na *continuidade* e no *recolhimento*.

Recolhimento é outra palavra que aparece em inúmeros trechos da obra codificada, convidando-nos a um mergulho íntimo – sem pressa, sem afobação e sem aceleração – para que possamos pensar, sentir e agir com maior segurança e equilíbrio no meio espírita e fora dele.

É curioso o uso que Kardec faz de tais palavras: meditação, contemplação, concentração, silêncio e recolhimento.

Em uma cultura ocidental como a francesa, pautada em movimentos diversos que primaram pelo uso da razão e do intelecto, ele deixou propositalmente inúmeras sementes que só germinariam posteriormente, o que ratifica a sua antevisão e o seu preparo como grande missionário.

Hoje, a meditação já é uma realidade em diversas partes do mundo e está inserida nos mais diferentes caldos culturais, é estudada em grandes universidades e está na pauta do dia como tema de congressos.

Médicos de diferentes especialidades estudam os seus efeitos positivos no sistema imunológico de pacientes.

O livro dos médiuns

> *As contradições, mesmo aparentes, podem lançar dúvidas no Espírito de algumas pessoas. Que meio de verificação se pode ter, para conhecer a verdade?*
>
> *"Para se discernir do erro a verdade, preciso se faz que as respostas sejam aprofundadas e **meditadas** longa e seriamente. É um estudo completo a fazer-se. Para isso, é necessário tempo, como para estudar todas as coisas."*[19]
>
> *
>
> *O silêncio e o recolhimento são condições essenciais para todas as comunicações sérias.*[20]

Temos aqui duas citações distintas, mas complementares.

Uma se refere à necessidade de tempo, experiência, estudo, aprofundamento e meditação para distinguirmos as comunicações mediúnicas sérias. Percebendo as contradições evidentes daquelas que são aparentes e,

---

[19] Allan Kardec. O livro dos médiuns. Trad. Guillon Ribeiro. 81. ed. Brasília: FEB, 2013. Segunda parte, "Das manifestações espíritas", capítulo XXVII, "Das contradições e das mistificações", seção "Das contradições", item 301, questão 4ª, p. 336.

[20] Ibidem. Segunda parte, "Das manifestações espíritas", capítulo XXXI, "Dissertações espíritas", seção "Sobre as sociedades espíritas", subseção XXIII, p. 396. Mensagem do Espírito São Luís.

com isso, fazendo bom proveito do intercâmbio com o mundo espiritual, aprendemos com os Espíritos e apoiamos os médiuns dedicados a essa tarefa dignificante.

A outra citação coloca como condição para a obtenção de comunicações sérias e proveitosas a necessidade de silêncio e de meditação.

A meditação aparece como um requisito importante na relação que estabelecemos com o mundo espiritual.

Meditando, aprendemos a ter serenidade, cultivamos a quietude mental, evitamos nos alvoroçar ante os acontecimentos, aprendendo a aguardar com paciência o desfecho daquilo que foge ao nosso controle.

No campo mediúnico e nos trabalhos existentes na casa e no movimento espírita, o cultivo do silêncio e do recolhimento, da oração e da meditação, facilitam o desenvolvimento da atenção e, consequentemente, nos oferece melhores condições de aprender e de amar os que nos cercam.

Meditar tem como desdobramento natural o aprimoramento da sensibilidade, da empatia e da compaixão diante das necessidades do próximo.

Nessas duas passagens, meditar pode ter o sentido de refletir, desdobrar um assunto, aclarar o seu significado, mas pode indicar também a necessidade de internalização, promovendo o desdobrar daquilo que aprendemos e sabemos em algo que sentimos e vivemos no dia a dia.

Essa tríade formidável – **pensar**, **sentir** e **viver** – constitui o que precisamos para seguir em nossa caminhada evolutiva. São elementos inseparáveis no processo de crescimento da alma humana.

A título de ilustração e maior fundamentação do que afirmamos, devemos nos lembrar de que o Espírito Alcíone, no livro *Renúncia*,[21] psicografado por Chico Xavier, escreveu que a mensagem do Cristo precisar ser:

> conhecida;
> **meditada**;
> sentida;
> vivida.

Ora, se conhecer e meditar fossem sinônimos, não haveria necessidade do uso de ambas as palavras. Se as duas aparecem separadas no comentário de Alcíone é porque possuem significados distintos.

Os Espíritos, então, nos convidam a fazer um percurso completo, passando pelas estações do *saber*, do *refletir*, do *meditar*, do *sentir* e do *viver*.

Apenas desse modo, lograremos avançar para além das conjecturas, do intelectualismo e do academicismo que grassa em diversas partes do movimento espírita. E não estamos defendendo o abandono do estudo na preservação dos nossos postulados, dos debates saudáveis e instrutivos, das rodas de conversa que elucidam assuntos diversos, mas, sim, a necessidade de dar um passo adiante, fazendo com que o saber ganhe um sentido prático e transformador.

---

21 Espírito Emmanuel, Francisco Cândido Xavier. *Renúncia*. 36. ed. Brasília: FEB. Segunda parte, capítulo 3, "Testemunhos de fé", p. 269.

A meditação pode facilitar isso, sendo mais uma ferramenta extremamente útil e simples em nosso processo de autoconhecimento.

Ela pode, inclusive, ajudar bastante no aumento da concentração e do foco nos trabalhos mediúnicos, facilitando a distinção dos pensamentos que são nossos daqueles que nos são sugeridos.

É o que comenta o Espírito Áulus no livro *Nos domínios da mediunidade*, ao término do capítulo 5, quando, em conversa com Hilário e André Luiz, reporta-se a certas cristalizações mentais que carregamos, afirmando que nos ajudaria muito na modificação de tais fixações:

> › os exercícios de **meditação**;
> › *o estudo edificante*;
> › *o hábito de discernir para compreender onde se nos situa a faixa de pensamento.*[22]

Para tanto, precisamos silenciar, nos recolher, diminuir os ruídos internos, os pensamentos sucessivos, as "ruminações" intermináveis, e, nesse exercício diário, nos conhecer, mapeando a nossa onda mental.

Quem também nos auxilia a valorar com equilíbrio essa relação entre meditação e mediunidade, particularmente no tocante à intuição, é o Espírito Emmanuel, quando, na resposta para a pergunta 122 da obra *O consolador*, afirma que para o desenvolvimento da intuição

---

[22] Espírito André Luiz, Francisco Cândido Xavier. *Nos domínios da mediunidade*. Brasília: FEB. Capítulo 5, "Assimilação de correntes mentais".

precisamos do "estudo perseverante, com o esforço sincero e **a meditação sadia**".[23] [destaque nosso]

O Evangelho segundo o espiritismo

> Sinto-me por demais tomado de compaixão pelas vossas misérias, pela vossa fraqueza imensa, para deixar de estender mão socorredora aos infelizes transviados que, vendo o céu, caem nos abismos do erro. Crede, amai, **meditai** sobre as coisas que vos são reveladas; não mistureis o joio com a boa semente, as utopias com as verdades. [destaque nosso]
> — O Espírito de Verdade[24]

Devemos nos lembrar de que no capítulo 2 da segunda parte do livro *Paulo e Estêvão*, o Espírito Emmanuel, autor da obra, informa que Saulo meditou e trabalhou por três anos no deserto de Dan ao lado de um casal de cristãos acolhedores e simpáticos, Áquila e Prisca, que ali laboravam como tecelões. Ele informa ainda que, ao término desse período, Saulo estava radicalmente transformado pelas meditações que realizara durante três anos consecutivos.

---

23 Espírito Emmanuel, Francisco Cândido Xavier. *O consolador*. Brasília: FEB. Segunda parte, "Filosofia", capítulo I, "Vida", seção "Aprendizado".

24 Allan Kardec. *O Evangelho segundo o espiritismo*. Trad. Guillon Ribeiro. 131. ed. Brasília: FEB, 2013. Capítulo VI, "O Cristo consolador", seção "Instruções dos Espíritos", mensagem "Advento do Espírito de Verdade", item 5, p. 107. Mensagem recebida em Paris, em 1860.

Vejamos um trecho da obra maravilhosa, um clássico e, portanto, sempre atual:

> Saulo percebeu aquela atitude receosa e aproximou-se:
> – De fato – disse carinhoso – a tarde no deserto convida à **meditação**... o lençol infinito de areia parece um oceano parado... aragem branda representa a mensagem das cidades distantes. Tenho a impressão de estarmos em um templo de paz imperturbável, fora do mundo...
> [...]
> – É verdade – respondeu atencioso –, sempre acreditei que a natureza conservou o deserto como altar de silêncio divino, para que os filhos de Deus tenham na Terra um local de perfeito repouso. Aproveitemos, pois, nosso estágio na solidão, para pensar no Pai justo e santo, considerando sua magnanimidade e grandeza.[25] [destaque nosso]

Foram três anos revendo a si mesmo, mergulhando fundo no próprio Eu, conhecendo melhor os estragos que o seu Ego havia promovido, indo ao encontro de culpas e remorsos, mágoas e tristezas; mas, igualmente, foi um período de despertamento profundo para as qualidades que possuía e que pretendia colocar a serviço da Boa Nova.

Nesses anos e nos demais da sua vida, ele pôde, como informa 2 Timóteo [4:7], trocar o "combate" contra os cristãos, o Cristo e a si mesmo, pelo "bom combate".

---

[25] Espírito Emmanuel, Francisco Cândido Xavier. *Paulo e Estêvão*. Brasília: FEB. Segunda parte, capítulo II, "O tecelão".

Deixando de "ir de encontro" para "ir ao encontro" de Jesus, do próximo e de sua própria individualidade.

Foram anos conhecendo melhor o texto evangélico (o que já existia em seu tempo), sentindo a sua grandeza, permutando experiências e impressões com o casal amigo e meditando, fazendo silêncio interior para ouvir as vozes da natureza que retratam as leis do Criador. E, com isso, ouvir e sentir a divindade em si.

É o que nos parece ter ocorrido quando ele, estando em Atenas, Grécia, e se referindo à Deus em sua pregação, disse, reproduzindo um verso do poeta cretense Epimênides [século VI a.C.], inserido nos *Atos dos apóstolos* [17:28]: "Pois nele vivemos, nos movemos e existimos".

Paulo encontrou, aos poucos e com a maturidade, certo equilíbrio para agir mais e reagir menos, ouvir mais e falar menos, desacelerar, viver o agora com calma e paz, hora a hora, instante a instante, com mais harmonia entre o mundo de fora e o mundo de dentro. Ele pôde *conhecer, meditar, sentir* e *viver* o convite amoroso de Jesus registrado em *Mateus* [11:28–30]:

> *Vinde a mim, todos os que estais cansados e oprimidos, e eu vos aliviarei. Tomai sobre vós o meu jugo, e aprendei de mim, que sou manso e humilde de coração, e encontrareis descanso para a vossa alma. Porque o meu jugo é suave, e o meu fardo é leve.*

Nesse "repouso/descanso" interno, Paulo pôde se abrir, viver o fluxo, perceber a impermanência dos próprios desejos e os conflitos que carregava.

Nós também podemos nos esvaziar, desapegando do lixo mental de pensamentos descartáveis, emoções antigas guardadas e remoídas por anos, ideias fixas, nos renovando para uma vida interior mais plena.

Para isso, precisamos seguir os sábios conselhos de Abgail para o próprio Paulo, ao lhe pedir:

› ama;
› trabalha;
› espera;
› perdoa.

O céu e o inferno

Fui evocado quase imediatamente depois da minha morte, porém não pude manifestar-me logo, de modo que muitos Espíritos levianos tomaram-me o nome e a vez. Aproveitei a estada em Bruxelas do Presidente da Sociedade de Paris, e comuniquei-me, com a aquiescência de Espíritos superiores.

Voltarei a manifestar-me na Sociedade, a fim de fazer revelações que serão um começo de reparação às minhas faltas, podendo também servir de ensinamento a todos os criminosos que me lerem e **meditarem** *na exposição dos meus sofrimentos. [destaque nosso]*
— Latour[26]

---

[26] Allan Kardec. *O céu e o inferno*. Segunda parte, capítulo VI, "Criminosos arrependidos". Trecho de fala de Jacques Latour, assassino condenado

O Espírito Jacques Latour anuncia nessa comunicação que voltaria a se comunicar, e afirma que seus depoimentos poderiam servir a outros criminosos que se dispusessem a ler e a meditar sobre os sofrimentos experimentados por ele.

No século XIX, quando Allan Kardec elaborou a codificação, pouco se conhecia no Ocidente sobre as técnicas de meditação, seus objetivos e a utilidade delas para a vida prática.

A história registra que, em 1893, um hindu praticante de meditação, *swami* Vivekananda,[27] discípulo de Ramakrishna, discursou no Parlamento das Religiões do Mundo, em Chicago, nos Estados Unidos, chamando a atenção de todos para a importância do crescimento da consciência inter-religiosa.

Posteriormente, outros vultos do Oriente, aos poucos, chegariam ao Ocidente ensinando e praticando meditação.

É possível que a ideia que se tinha a respeito, no senso comum, fosse a de que as pessoas dedicadas à meditação se isolavam do mundo em florestas, grutas e montanhas a fim de alcançar a pureza espiritual, a libertação do jugo material e o controle dos desejos, distanciadas das dores alheias. E não se pode negar que existiram e ainda existem pessoas imbuídas de tal propósito.

---

pelo júri de Foix e executado em setembro de 1864.
27 *Swami* é um título dado àquele que sabe e domina a si mesmo, que tem o conhecimento e o domínio do ioga e devoção aos deuses.

Daí a pergunta 657, feita por Allan Kardec, em a "Lei de adoração"[28] e a correspondente resposta dada pelos Espíritos ao codificador confirmando tal impressão, porém, ressalvando o fato de alguém *passar o tempo todo* imerso nessa prática.

Não nos parece que essa fosse a visão de Kardec, mas foi preciso formular a pergunta nesses moldes didáticos a fim de instruir e facilitar a instrução dos bons Espíritos.

Em reforço dessa nossa impressão, anos mais tarde, o codificador escreveria na *Revista espírita* de outubro de 1869, ao abordar a relação do espiritismo com a literatura contemporânea:

> Quer se esteja convicto ou não, pensar, ouvir **a voz interior da meditação**, não é praticar um ato espírita, se realmente existem Espíritos? Viver, isto é, respirar, não é fazer o corpo sentir uma impressão que se transmite ao Espírito por meio do períspirito?[29] [destaque nosso]

Se ele usa tal expressão, não é de modo gratuito, ele o faz com profundo conhecimento de causa!

---

[28] Allan Kardec. *O livro dos Espíritos*. Trad. Guillon Ribeiro. 93. ed. Brasília: FEB, 2013. Parte terceira, "Das leis morais", capítulo II, "Da lei de adoração", seção "Vida contemplativa", item 657, p. 307.

[29] Allan Kardec. *Revista espírita: jornal de estudos psicológicos*. Trad. Evandro Noleto Bezerra. Brasília: FEB. Vol. 12 [1869]. Seção "Dissertações espíritas", artigo "O espiritismo e a literatura contemporânea" [Paris, 14 de setembro de 1869], p. 410. Edição original da revista publicada sob a direção de Allan Kardec: Out. 1869.

Nesse trecho de *O céu e o inferno*, no depoimento de Jacques Latour, a tônica se repete: meditar tem prioritariamente um sentido de analisar, refletir, sentir, mas também de aquietar e silenciar, permitindo que a consciência e a espiritualidade amiga possam se fazer ouvidas.

E, quando conseguimos tal quietude, mais facilmente assimilamos o que a voz interna e as vozes externas querem nos dizer. Passamos a ter maior cuidado com o que pensamos, falamos, sentimos e fazemos. Consequentemente, encaminhamos melhor o nosso livre-arbítrio, evitando semear e colher sofrimentos futuros em nosso caminho.

É esse o sentido que encontramos em uma citação de Carlos Torres Pastorino, por intermédio de Divaldo Franco, no capítulo "Compaixão, amor e caridade", do livro *Impermanência e imortalidade*. Escreve o autor espiritual: "[...] a meditação que se expressa em compaixão é um método de crescimento interno no rumo do infinito". E complementa:

> *Quem não reflexiona, não medita, não ora, não sai com facilidade dos campos vibratórios mais densos que envolvem o planeta, sofrendo a asfixia das paixões servis e dos problemas sem sentido que são criados pela mente vazia de aspirações libertadoras e ideais felizes.*[30]

---

[30] Espírito Carlos Torres Pastorino, Divaldo Pereira Franco. *Impermanência e imortalidade*. Brasília: FEB. Capítulo "Compaixão, amor e caridade", 2005.

A gênese

> *Quem quer que haja **meditado** sobre o espiritismo e suas consequências e não o circunscreva à produção de alguns fenômenos terá compreendido que ele abre à Humanidade uma estrada nova e lhe desvenda os horizontes do infinito.*[31]
> [destaque nosso]

Meditar sobre o espiritismo é diferente de meditar no movimento espírita!

A primeira colocação nos remete inicialmente à concessão de um tempo, tanto cronológico quanto subjetivo, para estudar, entender, digerir, comparar e detalhar os fundamentos dessa formidável filosofia espiritualista, permitindo que o saber gerado com esse tempo de dedicação se desdobre em um sentir mais equilibrado, harmonizando e integrando em nossa vida conhecimentos e sentimentos, razão e emoção.

A segunda colocação não se opõe à primeira, na verdade a desdobra e a complementa, pois podemos meditar na sala de reuniões mediúnicas, antes do passe na reunião pública e nos minutos que antecedem uma palestra sem precisarmos estar na posição de lótus, com os olhos obrigatoriamente fechados, entoando mantras, recorrendo a algum objeto de culto ou portando vestimentas específicas.

---

[31] Allan Kardec. *A gênese*. Trad. Guillon Ribeiro. 53. ed. Brasília: FEB, 2013. Parte "As predições segundo o espiritismo", capítulo XVIII, "São chegados os tempos", seção "Sinais dos tempos", item 15, p. 364.

Basta que façamos silêncio interior.

Não brigar com os pensamentos que estiverem povoando nossa mente e focar com natural simplicidade o nosso ato de respirar, sem cobranças ou culpas, nos coloca a serviço dos bons Espíritos na tarefa a ser executada. E meditar nesse momento, além de orar, facilita o trabalho deles junto a nós, pois criamos condições ainda mais propícias para que eles nos utilizem como seus instrumentos.

Ficamos mais calmos diante da tarefa a ser executada e somos instrumentos mais flexíveis, harmoniosos e saudáveis. Temos, assim, no dia a dia, mais saúde para seguir na vida profissional, familiar e religiosa.

No penúltimo capítulo do livro *Impermanência e imortalidade*, aqui já citado, encontramos informações riquíssimas sobre a importância da meditação para a nossa saúde. O capítulo tem como título "Meditação", e nele o Espírito Pastorino afirma que não nos basta apenas pensar e refletir, é preciso que criemos o hábito de nos apaziguar internamente.

O Espírito Pastorino informa que a meditação ou o exercício do silêncio interior propiciam lucidez e promovem a libertação dos obstáculos que dificultam o processo de autorrealização. Geram bem-estar interno, ensejam maior controle da mente, fortalecem o sistema imunológico e facilitam a libertação de tormentos obsessivos por facultar ao praticante a mudança de campo vibratório.

Ele conclui sua explanação afirmando que a meditação "é um passo de segurança para as ações enobrecidas e as doações de amor", ou seja, é um passo importante para uma vida mais feliz.

Refletir, aceitar e colocar em prática as sugestões do amigo espiritual nos permite uma ação mais plena em nossa lida no centro e no movimento espírita, beneficiando-os enormemente ao cumprirmos os compromissos abraçados.

É o que também nos diz o Espírito Joanna de Ângelis em *Vida feliz*:

> *Quem caminha sem meditar perde o contato consigo mesmo.*
>
> *Encurralado nos ponteiros do relógio ou disparado à frente deles, ou vagarosamente à frente deles, aturde-se, esquecendo o rumo.*
>
> *É indispensável ao êxito fazer periódica revisão de metas e ações.*
>
> *Usando a reflexão, repassarás os equívocos e terás tempo de repará-los, reprogramarás os deveres e te renovarás com mais facilidade.*
>
> *Fala menos, dorme um pouco menos e medita mais.*
>
> *Minutos que desperdiças, se os usares para a meditação, se transformarão em pontos luminosos do teu dia.*[32]

---

[32] Espírito Joanna de Ângelis, Divaldo Pereira Franco. *Vida feliz*. Salvador: LEAL. Capítulo CLX.

Meditar nos ajuda a passar do modo atuante para o modo existente, isto é, do automatismo diário com que vivenciamos nossas rotinas para a maior atenção e uma consequente consciência do que fazemos, como fazemos e quando fazemos.

Sugestões de leitura e aprofundamento

› Wolf Singer e Matthieu Ricard. *Cérebro e meditação*. Alaúde.
› Daniel Goleman e Richard J. Davidson. *A ciência da meditação*. Objetiva.
› Rabindranath Tagore. *Sadhana: a compreensão da vida*. Casa das Letras.

Vamos meditar?

- O momento da meditação pode ser uma poderosa pausa entre as atividades do dia. Que tal aceitar o convite para uma pequena prática antes de continuar a leitura ou iniciar outra atividade?

- Comece notando as sensações que seu corpo experimenta agora. Se espreguice, testemunhando um maior despertar enquanto os músculos contraem e relaxam. Na sequência, se possível, sente-se em uma cadeira de espaldar reto ou outro assento não convidativo ao sono.

- Respeitando as suas possibilidades físicas, procure ajustar-se da seguinte maneira:

- › Ao se sentar sobre os glúteos, procure perceber que há ossinhos abaixo dele. Eles são chamados de ísquios.
- › Posicione as pernas em um ângulo de 90°.
- › As solas dos pés devem tocar inteiramente o chão.
- › Mantenha a coluna alinhada, sem tensão.
- › Encaixe os ombros, sem deixá-los rígidos.
- › Os braços devem ficar soltos e relaxados.
- › Repouse as mãos sobre as coxas, com as palmas para baixo ou para cima.
- › Centralize a cabeça.

• Perceba que, com as instruções anteriores, você assumirá uma postura digna. Faça um contato bem íntimo com ela. Relaxe as tensões musculares ao mesmo tempo que mantém o ajuste postural.

• Se você apresentar algum tipo de limitação que o impeça de seguir essas instruções, não tem problema. Faça a sua adaptação e, dedicando-se com paciência, encontre uma posição semelhante à descrita anteriormente, uma em que possa sentir firmeza e conforto. Evite a tensão, assim como o relaxamento excessivo. Familiarize-se com essa postura.

• Faça uma ou duas respirações profundas.

• Feche suavemente os olhos.

- Sinta o espaço em que está sentado, note suas impressões sensoriais e a base que acolhe o seu corpo. Identifique as sensações sem fazer qualquer comentário mental sobre elas. Se houver pensamentos (e haverá), repare que você pode ser capaz de observá-los sem se apegar a eles.

- Agora, ofereça atenção especial à sua respiração. Pense em como ela é única e valiosa, e que está à sua disposição neste momento!

- Com muita simplicidade, demore-se um pouco em sentir o ar nas narinas e note as percepções que surgem daí. Depois, sinta o ar na altura do peito e, em seguida, no abdômen. Dedique-se a sentir a respiração em cada uma dessas partes do corpo pelo tempo que for favorável às próprias resistências e percepções, sem rigidez ou autoimposição. A respiração plena e completa traz uma sensação de expansão das costelas e do abdômen na inspiração e de relaxamento na expiração (a prática regular tende a modificar as percepções e poderá levá-lo a aumentar o tempo dedicado a ela).

- Escolha uma parte do corpo à qual você perceba que a respiração oferece uma impressão mais vívida e permaneça suavemente atento a ela por mais alguns instantes.

- Após se dedicar a essa experiência com gentileza, volte calmamente a dar atenção ao seu corpo inteiro sentado e às suas sensações.

- Abra os olhos conscientemente e alongue o corpo vagarosamente, reconhecendo as impressões da prática. Não esqueça de acolher a todas, sem julgamentos.

4

4

A POESIA MEDITATIVA DE LÉON DENIS

A bondade sublime é como a água
A água, na sua bondade, beneficia
    os dez mil seres sem preferência
Permanece nos lugares
    desprezados pelos outros
Por isso assemelha-se ao Caminho
Viva com bondade na terra
Pense com bondade, como um lago
Conviva com bondade, como irmãos
Fale com a bondade de quem tem palavra
Governe com a bondade de quem tem ordem
Realize com a bondade de quem é capaz
Aja com bondade todo o tempo
Não dispute, assim não haverá rivalidade

TAO TE CHING [33]

---

[33] Traduzida em português como *O livro do caminho e da virtude*, é uma das mais conhecidas obras da literatura chinesa. Foi escrita provavelmente entre 460 e 380 a.C., ou ainda entre 350 e 250 a.C. Sua autoria é atribuída a Lao Tzi ou Lao Tzé, embora muitos acreditem que ele não tenha existido e que a obra seja uma reunião de provérbios pertencentes a uma tradição oral coletiva. https://365degraus.blogspot.com/2014/02/a-bondade-sublime-e-como-agua-bondade.html. Acessado em 20 de março de 2021, às 17:35.

NOS AUTORES CLÁSSICOS DO ESPIRITISMO, A PALAvra meditação aparece com mais recorrência nas obras de Léon Denis [1846–1927], que, conhecendo bem o tema, a ele se refere tal como o concebemos nos dias atuais, conforme assinalam as modernas pesquisas realizadas por psicólogos, médicos, neurocientistas e profissionais das mais diversas áreas, tanto nos Estados Unidos quanto em diversos países da Europa.

Sempre inspirado e poético, Denis, em sua obra *O grande enigma*, afirma:

> *Deus nos fala através de todas as vozes do Infinito. Ele nos fala, não numa bíblia escrita há séculos, porém numa bíblia que se escreve todos os dias, com esses caracteres majestosos que se chamam oceano, mares, montanhas e astros do céu; através de todas as harmonias suaves e graves que sobem do seio da Terra ou descem dos Espaços etéreos. Ele nos fala ainda no santuário do nosso ser, nas horas de silêncio e de **meditação**. Quando os ruídos discordantes da vida material se calam, então, a voz interior, a grande voz*

desperta, se faz ouvir. Essa voz sai das profundezas da consciência e nos fala de dever, de progresso, de ascensão. Há em nós um refúgio íntimo, como uma fonte profunda de onde podem jorrar ondas de vida, de amor, de virtude, de luz. Aí se manifesta esse reflexo, esse gérmen divino, escondido em toda alma humana.[34] [destaque nosso]

Também dirá em O problema do ser, do destino e da dor:

Falamos incidentemente do método a seguir para o desenvolvimento dos sentidos psíquicos. Consiste em insular-se uma pessoa em certas horas do dia ou da noite, suspender a atividade dos sentidos externos, afastar de si as imagens e ruídos da vida externa, o que é possível fazer mesmo nas condições sociais mais humildes, no meio das ocupações mais vulgares. É necessário, para isso, concentrar-se e, na calma e recolhimento do pensamento, fazer um esforço mental para ver e ler no grande livro misterioso o que há em nós. Nesses momentos apartai de vosso espírito tudo o que é passageiro, terrestre, variável. As preocupações de ordem material criam correntes vibratórias horizontais, que põem obstáculo às radiações etéreas e restringem nossas

---

[34] Léon Denis. *O grande enigma: Deus e o Universo*. Trad. Maria Lucia Alcantara de Carvalho. 3. ed. Rio de Janeiro: CELD, 2011. Primeira parte, "Deus e o Universo", capítulo VI, "As leis universais", p. 74.

*percepções. Ao contrário, **a meditação**, a contemplação e o esforço constante para o bem e o belo formam correntes ascensionais, que estabelecem a relação com os planos superiores e facilitam a penetração em nós dos eflúvios divinos. Com esse exercício repetido e prolongado, o ser interno acha-se pouco a pouco iluminado, fecundado, regenerado.*[35]
[destaque nosso]

Se existisse alguma contraindicação dessa prática salutar e milenar no processo de expansão da nossa consciência, cremos que Denis as apontaria e nos recomendaria cuidados nessa direção.

Ele afirma que se trata de um caminho para ouvirmos o Criador e nos relacionarmos mais intimamente com Ele, e que tal prática nos ilumina, fecunda e regenera. Ou seja, nos conduz a um estado de maior harmonia.

Quem, em sã consciência, não deseja obter mais paz?

Quem não aspira ao maior equilíbrio?

Quem não gostaria de ser mais feliz e pleno em suas relações, especialmente naquela que estabelecemos conosco?

---

[35] Léon Denis. *O problema do ser, do destino e da dor*. Brasília: FEB. Terceira parte, "As potências da alma", capítulo XXI, "A consciência – o sentido íntimo".

Meditar, orar, praticar o bem, fazer exercícios físicos, cuidar da própria saúde, ter horas de lazer, melhorar a alimentação, conversar de modo edificante e ter mais contato com a natureza são fatores capazes de propiciar melhor qualidade de vida, auxiliando-nos diretamente a cumprir a nossa missão na presente reencarnação [questão 573 de O livro dos Espíritos e capítulo III, item 30, de O livro dos médiuns].

O amigo Denis nos sugere um meio prático e eficaz para a renovação interior ao propor recolhimento em certos momentos do dia, o que promove uma ruptura no corre-corre, na aceleração. Com isso, podemos sentir mais frequentemente a presença de Deus em nós, essa presença constante, amorosa, ao mesmo tempo paterna e materna. Presença e manifestação que estrutura o nosso ser, que direciona os nossos dias e dá sentido às nossas vidas.

Quando procuramos nos manter em tal sintonia, mais facilmente estabelecemos relação com os planos superiores por meio do contato com as inteligências que os habitam.

Nesse contato, não são apenas eles que "descem"; nós também, simbolicamente, "subimos", realizando um encontro com esses Espíritos amorosos, nossos guias e benfeitores, almas que trabalham incessantemente pelo nosso progresso.

Inspirando-nos em vigília, encontram-se conosco durante o sono e tentam sempre nos aconselhar por meio de amigos queridos que se importam conosco.

Nesse salutar intercâmbio, recolhemos recursos até para lidar melhor com o assédio obsessivo de Espíritos que intentam nos manipular.

É o que lemos na obra do Espírito Carlos Torres Pastorino, *Impermanência e imortalidade*, no capítulo "Meditação":

> [...] consegue-se maior controle da mente e mais amplas possibilidades de captação de energias especiais para a saúde, fortalecendo o sistema imunológico e liberando-se de tormentos obsessivos, quando os houver, por experimentar mudança de campo vibratório ascendente, no qual passa a situar-se, desconectando os plugues que permitem a ligação constritora...[36]

Lidar melhor, como dissemos, não significa substituir o auxílio da reunião mediúnica de desobsessão, o passe, a água fluidificada, a palestra pública que esclarece, a leitura edificante, nem o esforço de transformação moral fundamental no processo desobsessivo.

---

[36] Espírito Carlos Torres Pastorino, Divaldo Pereira Franco. *Impermanência e imortalidade*. Brasília: FEB. Capítulo "Meditação".

A meditação funciona como mais uma ferramenta, um recurso importante que se soma aos demais já recomendados e praticados no meio espírita.

Mas, como salienta Léon Denis, ela facilita, com o tempo, a percepção do divino e o registro sensível do mundo invisível.

Nos debruçamos sobre pequenos e ricos trechos da sabedoria desse grande mestre que é Léon Denis, e que, ao mesmo tempo, é uma figura simples e doce, uma alma aprendiz. Finalizamos este capítulo com outra citação simplesmente maravilhosa que encontramos na obra *Depois da morte*, outro clássico desse eminente pensador.

> *Homem, resigne-se, portanto, e suporte com coragem as provas inevitáveis, mas fecundas, que apagam suas manchas e lhe preparam um futuro melhor! Imite o lavrador que vai em frente, curvado sob o Sol ardente ou açoitado pelo vento frio e seco, e cujos suores regam o solo, o solo escavado, rasgado como seu coração pelo dente de ferro, mas de onde sairá a colheita dourada que fará sua felicidade. Evite os desfalecimentos que lhe reconduziriam sob o jugo da matéria e pesariam sobre suas vidas futuras. Seja bom e virtuoso, a fim de não se deixar retomar pela terrível engrenagem do mal e suas consequências. Fuja das alegrias aviltantes, das discórdias, das vãs agitações da multidão.*

Não é nas discussões estéreis, nas rivalidades, na cobiça das honras e dos bens, que encontrará a sabedoria, o contentamento de si mesmo; é no trabalho e na prática da caridade; é na **meditação** solitária, no estudo concentrado, frente à sua própria consciência e da Natureza, esse livro admirável que traz a assinatura de Deus.[37] [destaque nosso]

---

[37] Léon Denis. *Depois da morte*. Rio de Janeiro: CELD. Quarta parte, "Além-túmulo", capítulo XLI, "Reencarnação", pp. 318–319.

O recolhimento em certos momentos do dia promove uma ruptura no corre-corre, na aceleração. Com isso, podemos sentir mais frequentemente a presença de Deus em nós. Presença e manifestação que estrutura o nosso ser, que direciona os nossos dias e dá sentido às nossas vidas.

Sugestões de leitura e aprofundamento

› Andy Fraser (org.). *O poder de cura da meditação*. Pensamento.
› Dalai Lama e Desmond Tutu. *Contentamento*. Principium.
› Krishnamurti. *Seu universo interior*. Planeta.

Vamos meditar?

- Com gentileza e simplicidade, observe ao seu redor.

- Convidamos você a buscar um elemento da natureza, mas sem muita procura ou exigências. Sempre temos o céu à nossa disposição, ainda que o vejamos apenas através de uma pequena janela. Pode ser que onde você esteja haja flores em um jardim ou em um vaso, árvores, pássaros ou outro animal ou inseto... Enfim, há uma infinidade de possibilidades! Ouça o seu coração e faça a sua escolha.

- Procure repousar o olhar sobre essa paisagem de forma despretensiosa, a contemplar. Naturalmente, você notará surgir pensamentos sobre o que vê. Aceite essa narrativa mental de apreciação.

- Sua intenção deverá ser a de se manter confortavelmente nesse momento de observação, acolhendo os pensamentos sem se apegar a eles, permitindo esse trânsito exploratório de ideias sobre o que a visão registra e o corpo sente. Chegará um momento em que não haverá mais nada "a dizer".

- Proponha-se a continuar com o olhar sobre a paisagem, seja ela qual for, e repouse a consciência sobre a respiração. Sinta o corpo e experimente fazer entre 5 ou 10 ciclos respiratórios plenos, completos, nasais e silenciosos enquanto seus olhos percebem o que podem ver.

- Sinta o corpo, sinta a respiração!

- Após a experiência, observe como se sente!

   Observação: Você pode utilizar nessa experiência estímulos auditivos, tais como sons das ondas do mar, das águas de um rio, do cantar dos pássaros etc.)

5

5

O OLHAR DE EMMANUEL

*A mente funciona como um inimigo
para aqueles que não a controlam.*

BHAGAVAD GITA[38]

---

38 Texto religioso *hindu*. Faz parte do épico *Mahabharata*, embora seja de composição mais recente que o restante do livro. A versão do *Mahabharata* que inclui o *Bhagavad Gita* é datada do século IV a.C. O *Bhagavad Gita* é a essência do conhecimento védico da Índia e um dos maiores clássicos de filosofia e espiritualidade do mundo. https://www.pensador.com/autor/bhagavad_gita/. Acessado em 20 de março de 2021, às 17:38.

—— M SEU LIVRO *CAMINHO, VERDADE E VIDA* [1948], O
—— Espírito Emmanuel, pela psicografia de Chico Xavier
—— [1910–2002], oferece-nos uma verdadeira pérola.

Aliás, pérolas, rubis, esmeraldas e diamantes não faltam na obra mediúnica de Chico. Todas essas preciosidades seguem aguardando o nosso interesse em buscá-las e conhecê-las, e, ao nos apropriarmos delas, podemos lhes dar uma finalidade em nossas vidas, podemos utilizá-las como alavancas para o nosso progresso intelectual e moral.

O texto de que falamos aqui se trata de uma página intitulada "Na meditação".

É, possivelmente, no século XX, a referência mediúnica espírita mais antiga que cita o verbete *meditação*.

Em seu conteúdo, observa-se que o autor espiritual faz uma referência clara aos ganhos decorrentes dessa prática.

Vamos à página:

Na meditação

Tuas mãos permanecem extenuadas por fazer e desfazer.

Teus olhos, naturalmente, estão cheios da angústia recolhida nas perturbações ambientes. Doem-te os pés nas recapitulações dolorosas.

Teus sentimentos vão e vêm, com impulsos tumultuários, influenciados por mil pessoas diversas.

Tens o coração atormentado.

É natural. Nossa mente sofre sede de paz, como a terra seca tem necessidade de água fria.

Vem a um lugar à parte, no país de ti mesmo, a fim de repousar um pouco. Esquece as fronteiras sociais, os controles domésticos, as incompreensões dos parentes, os assuntos difíceis, os problemas inquietantes, as ideias inferiores.

Ele te lavará a mente eivada de aflições.

Balsamizará tuas úlceras.

Dar-te-á salutares alvitres.

Basta que te cales e sua voz falará no sublime silêncio.

Oferece-lhe um coração valoroso na fé e na realização, e seus braços divinos farão o resto.

Regressarás, então, aos círculos de luta, revigorado, forte e feliz.

Teu coração com Ele, a fim de agires, com êxito, no vale do serviço.

Ele contigo, para escalares, sem cansaço, a montanha da luz.[39]

---

[39] Espírito Emmanuel, Francisco Cândido Xavier. *Caminho, verdade e vida*. Brasília: FEB. Capítulo 168, "Na meditação", pp. 351–352.

Também encontramos da lavra do mesmo Emmanuel, as páginas "Refugia-te em paz", capítulo 147 do livro *Fonte viva*,[40] "Descansar", do livro *Palavras de vida eterna*, capítulo 152,[41] e "Lugar deserto", inserida no livro *Pão nosso*, capítulo 34.[42]

Todas elas foram escritas a partir da inspiração sugerida no evangelho de *Marcos* [6:31]:

> *Vinde vós mesmos para um lugar ermo, em particular, e descansai um pouco! Pois eram muitos os que vinham e saíam, e nem para comer encontravam tempo oportuno.*

Em cada uma dessas páginas repontam anotações alusivas à necessidade de pausas, intervalos e desaceleração a fim de obtermos o refazimento das nossas forças para prosseguirmos em nossa jornada evolutiva.

Na página "Refugia-te em paz", do livro *Fonte viva*, o querido benfeitor conclui:

> *Refugia-te no templo à parte, dentro de tua alma, porque somente aí encontrarás as verdadeiras noções da paz e da justiça, do amor e das felicidades reais, a que o senhor te destinou.*

---

[40] Espírito Emmanuel, Francisco Cândido Xavier. *Fonte viva*. Brasília: FEB. Capítulo 147, "Refugia-te em paz".
[41] Idem. *Palavras de vida eterna*. Brasília: FEB. Capítulo 152, "Descansar".
[42] Idem. *Pão nosso*. Brasília: FEB. Capítulo 34, "Lugar deserto".

No capítulo "Descansar", de *Palavras de vida eterna*, ele escreve que muitos, alegando cansaço e embaraços mínimos, declaram-se desiludidos e se recolhem à inação com o pretexto de meditar, e enfatiza: "Jesus não afirmou: repousai quanto quiserdes, mas sim, repousai um pouco".

Em "Lugar deserto", do livro *Pão nosso*, Emmanuel faz um importante alerta que nos remete à questão 657 de *O livro dos Espíritos*, já citada em capítulo anterior, quando nos diz que **passar o tempo todo na meditação** nos conduz a uma vida inútil. Leia-o na íntegra, tendo em vista a importância de cada parágrafo:

> **Lugar deserto**
>
> A exortação de Jesus aos companheiros reveste-se de singular importância para os discípulos do Evangelho em todos os tempos.
>
> Indispensável se torna aprender o caminho do "lugar à parte" em que o Mestre aguarda os aprendizes para o repouso construtivo em seu amor.
>
> No precioso símbolo, temos o santuário íntimo do coração sequioso de luz divina.
>
> De modo algum se referia o Senhor tão somente à soledade dos sítios que favorecem a meditação, onde sempre encontramos sugestões vivas da natureza humana. Reportava-se à câmara silenciosa, situada dentro de nós mesmos.

> Além disso, não podemos esquecer que o Espírito sedento de união divina, desde o momento em que se imerge nas correntes do idealismo superior, passa a sentir-se desajustado, em profundo insulamento no mundo, embora servindo-o, diariamente, consoante os indefectíveis desígnios do Alto.
> No templo secreto da alma, o Cristo espera por nós, a fim de revigorar-nos as forças exaustas.
> Os homens iniciaram a procura do "lugar deserto", recolhendo-se aos mosteiros ou às paisagens agrestes; todavia, o ensinamento do Salvador não se fixa no mundo externo.
> Prepara-te para servir ao Reino Divino, na cidade ou no campo, em qualquer estação, e não procures descanso impensadamente, convicto de que, muita vez, a imobilidade do corpo é tortura da alma. Antes de tudo, busca descobrir, em ti mesmo, o "lugar à parte" onde repousarás em companhia do Mestre.[43]

A palavra sempre lúcida do benfeitor espiritual esclarece a necessidade do equilíbrio que precisamos ter nessa busca pelo *lugar deserto*, bucólico, calmo e silencioso.

Há recantos maravilhosos, muito propícios ao nosso refazimento.

É muito natural que busquemos ouvir a melodia de um riacho, a sinfonia magistral das ondas do mar, o cantar dos pássaros, o barulho do vento na folhagem e o zunir de um inseto, e perceber a poesia da chuva fina

---

[43] Espírito Emmanuel, Francisco Cândido Xavier. *Pão nosso*. Brasília: FEB. Capítulo 34, "Lugar deserto".

sobre um jardim delicado e a passagem tranquila de nuvens que se movimentam no céu.

Emmanuel, porém, recorda que o lugar deserto é interno.

Ora, a chave para acessá-lo é a quietude mental, e a ferramenta por excelência que facilita enormemente tal acesso é a meditação.

De acordo com as obras de Thich Nhat Hanh,[44] meditar com atenção plena é algo que podemos fazer sem qualquer isolamento.

Podemos, de modo simples e atencioso, meditar:

› lavando louças;
› preparando uma refeição;
› fazendo uma caminhada;
› indo ao mercado;
› varrendo a nossa casa;
› tomando nosso banho diário;
› bebendo água;
› alimentando-nos;
› regando as nossas plantas etc.

---

[44] Monge vietnamita, poeta, mestre zen e ativista da paz que, durante muitos anos, viveu na França, criando por lá uma comunidade – Plum Village – à qual aplicou seus ensinamentos. Chegou a ser indicado por Martin Luther King Jr. para o prêmio Nobel da Paz por suas ideias, ações e lutas. Passou a viver no exílio em 1966, e apenas recentemente, em idade avançada, pôde retornar ao seu país.

Atenção plena é a capacidade inerente a todos nós, criaturas divinas, de estar presentes, conscientes, plenos naquilo que fazemos. É ter foco, viver ancorados no aqui e no agora, sem arrastamentos do passado e sem ansiedades futuras. É também um dos itens do caminho óctuplo ensinado por Buda. É, na verdade, um estilo de vida!

Tais propostas seguem a mesma direção que as ponderações do Espírito Emmanuel, mostrando-nos que todas as ideias superiores que visam ao bem-estar da humanidade terrena convergem de modo harmonioso, mesmo aquelas vindas de culturas diferentes, em uma linguagem diferente, pois se trata do cuidado de Jesus com cada povo, respeitando a singularidade de todos.

Ao mesmo tempo, tais ideias são fragmentos de uma grande unidade presente nas leis naturais, as mesmas que encontramos em nossa consciência e resumidamente apresentadas em *O livro dos Espíritos*, em sua parte terceira.

Nessa mesma linha, porém, atuando no mundo acadêmico norte-americano, encontramos o pesquisador Jon Kabat-Zinn, que estuda os efeitos da meditação na saúde desde a década de 1970, tendo criado, em 1979, no Centro Médico da Universidade de Massachusetts, um programa para a redução do estresse baseado em *mindfulness*, ou seja, na meditação da atenção plena.

É ele quem afirma em sua obra *Atenção plena para iniciantes* que meditar está em plena convergência com o viver:

> O fato é que a meditação não consiste em contemplar o próprio umbigo nem em abrir mão da ação no mundo. Tampouco consiste em desistir de se envolver apaixonadamente em projetos de real valor e de realizar coisas. Não se trata de torná-lo estúpido nem de privá-lo de ambição e motivação.
>
> Pelo contrário, a meditação é uma maneira de fazer com que toda ação em que você esteja envolvido e com que se preocupe venha do ser.
>
> [...]
>
> Essa intimidade se desenvolve pelo cultivo sistemático, e esse cultivo advém da disciplina da atenção. Esse é o sentido da prática da atenção plena. É o como estar presente aos nossos sentidos a cada momento. Realmente não há lugar para ir agora. Você já está aqui. Somos capazes de estar aqui completamente?
>
> [...]
>
> Realmente não há nada a alcançar, nenhum "estado" ou "sensação" especial, porque o que você está experimentando neste momento já é especial, já é extraordinário pela própria existência.[45]

---

45 Jon Kabat-Zinn. *Atenção plena para iniciantes*. Trad. Ivo Korytowski. Rio de Janeiro: Sextante, 2017. pp. 90–91.

Considerando ainda que meditar com frequência, sem alijamento do mundo e dos nossos compromissos, nos torna seres humanos melhores, nesse mesmo livro, na quarta parte, Jon Kabat-Zinn nos apresenta sete pontos que considera como atitudes básicas para a prática da atenção plena. Ousamos desenvolvê-los a partir do nosso próprio olhar:

1. Não julgamento

Não julgueis para não serdes julgados. [Mateus 7:1]

Julgar o tempo todo cansa, estressa e nos esgota mentalmente.

Esse ponto nos convida a contemplar e a sentir mais, a ruminar e a criticar menos, a fim de que a consciência passe a comandar a mente, e não o contrário.

2. Paciência

A cada dia basta o seu mal. [Mateus 6:34]

Devemos aprender a esperar sem tanta ansiedade e aflição, a recomeçar sempre que algo não sai como desejamos; a não nos irritar com os pensamentos que pululam em nossa mente dificultando a atenção, a concentração e o foco.

3. **Mente de iniciante**

> *Deixem vir a mim as crianças e não as impeçam; pois o Reino dos céus pertence aos que são semelhantes a elas. [Mateus 19:14]*

Devemos ter curiosidade e criatividade para aprender os caminhos internos para os quais a meditação nos leva e para lidar com os problemas e as dúvidas, e rir diante de nossos próprios erros. Isso não se trata de negar o que sabemos, mas de reconhecer o quanto ignoramos.

4. **Confiança**

> *Quem de vocês, por mais que se preocupe, pode acrescentar uma hora que seja à sua vida? [Mateus 6:27]*

> *Vós sois o sal da terra e Vós sois a luz do mundo. [Mateus 5:13,14]*

Devemos confiar nos nossos talentos, nas nossas potencialidades, ir ao encontro delas de modo amoroso e simples, como a meditação da atenção plena sugere. Temos de confiar que esse é um dos caminhos seguros para obtermos mais saúde e paz.

5. Não esforço

> *Olhai para os lírios do campo, como eles crescem; não trabalham nem fiam.* [Mateus 6:28]

Quando somos muito racionais, inquietos e ocupados em produzir, dificilmente vemos sentido e utilidade em contemplar.

Atitudes como parar um pouco a correria, fazer silêncio e deixar-se envolver com a magia das nuvens no céu, uma doce canção, um sorriso infantil, uma lembrança rica de alegria e uma cena de uma bela paisagem, além de prestar atenção ao próprio respirar, soam como perda de tempo.

Propor que *não nos esforcemos* não é um convite à inércia nem tampouco a um cruzar de braços diante da evolução; trata-se de um chamado a não gastar energia com pensamentos, fixações, situações e relações em que podemos atuar com amorosidade, maior equilíbrio e harmonia, sem nos desgastarmos tanto, consumindo em demasia e inutilmente as nossas próprias forças.

Se não separarmos o que podemos e devemos mudar daquilo que precisamos aceitar, sem que deixemos um mínimo de espaço e desaceleração em nossa mente, dificilmente obteremos êxito nesse exercício.

6. Aceitação

> *Disse então Maria: Eis aqui a serva do Senhor; cumpra-se em mim segundo a tua palavra. E o anjo ausentou-se dela.*
> [Lucas 1:38]

Segundo a narrativa bíblica, Maria, após ser surpreendida com a informação de que engravidaria e após um breve tempo de receios, caminhou para um estado de entrega e confiança naquilo que se apresentava para a sua vida, para o seu destino.

Ela não litigou, isto é, não brigou com o fato, não se desgastou à toa com algo que fugia ao seu controle naquele momento.

Ela foi despertada para o sentido da sua vinda à Terra, da missão que abraçou na vida espiritual e que viera cumprir. Tinha livre-arbítrio, mas o colocou a serviço do que entendeu ser algo maior, um propósito divino para a sua existência.

No livro *Contentamento: o segredo para a felicidade plena e duradoura*,[46] no diálogo entre o Dalai-lama, líder do budismo tibetano (prêmio Nobel da Paz em 1989), e Desmond Tutu (prêmio Nobel da Paz em 1984), mediado por Douglas Abrams, encontramos a informação de que *aceitação significa não lutar contra a realidade*.

---

[46] Dalai Lama, Desmond Tutu e Douglas Abrams. *Contentamento: o segredo para a felicidade plena e duradoura*. Trad. Natalie Gerhardt. Rio de Janeiro: Principium, 2017. p. 212.

A ausência de luta aqui não é alienação, mas a compreensão profunda de que aceitar, em muitos momentos, é seguir o fluxo, não opor força com força, mas, serenamente, permitir que a vida flua.

7. Desapego

> *Se queres ser perfeito, vai, vende tudo o que tens e dá-o aos pobres, e terás um tesouro no céu; e vem, e segue-me.*
> *[Mateus 19:21]*

Muitas vezes, a dificuldade maior não se encontra no desapego dos bens materiais, mas das ideias cristalizadas, das posições extremistas e dos radicalismos.

Desapegarmo-nos do modo como lemos e interpretamos certos pontos, teorias, comportamentos e relações implica aquilo que o poeta português Fernando Pessoa, por meio do seu heterônimo Alberto Caeiro, chama de "aprendizagem de desaprendizagem". Mas só consegue "desaprender" quem tem abertura e não se julga pronto, perfeito, que admite a possibilidade de errar, cair, levantar e seguir aprendendo com simplicidade.

Disse o poeta, escritor, humanista e meditador hindu Rabindranath Tagore, em seu livro *Sadhana: a compreensão da vida*,[47] que o apego gera dependência e que apenas o abrir mão nos faculta a libertação desejada de algo, de alguém, de nós mesmos.

---

[47] Rabindranath Tagore. *Sadhana: a compreensão da vida*. Trad. Leonardo H. Brockmann. Estrela, RS: Casa das Letras, 2015.

A meditação, ao nos conduzir a uma observação mais acurada de quem e como somos, amplia nosso olhar e nos ajuda nesse processo de desapego, de desaprendizagem. Além disso, como seres imortais reencarnacionistas, sabemos que qualquer forma de apego é geradora de atraso em nossa jornada evolutiva.

Tais atitudes listadas por Jon Kabat-Zinn foram propostas por Jesus e o são igualmente pelo espiritismo, que se encontra todo alicerçado no evangelho de amor trazido pelo Mestre.

Novamente, o sentido de convergência mostra que ambos os princípios nos convidam a uma renovação de dentro para fora, a nos matricularmos na escola do autoaperfeiçoamento usando a disciplina como uma ferramenta muito útil.

Disciplina esta que, juntamente com a palavra discípulo, tem sua origem no verbo latino *discere*, que significa *abertura para aprender*.

Nesse sentido, uma pessoa disciplinada não é rígida, enquadrada, reprimida, mas aberta a aprender coisas novas, desconstruir velhos padrões, rever conceitos. Simbolicamente, ela é uma casa com portas e janelas abertas, que permite a circulação e a renovação do ar.

Essa ideia nos faz pensar que a célebre citação de Emmanuel para Chico Xavier, "disciplina, disciplina e disciplina", não se referia apenas à necessidade de planejar e controlar o tempo, de ter foco na tarefa, ter vigilância e cuidado nos trabalhos mediúnicos, nas entrevistas e na prática da caridade com base na programação espiritual do grande e terno missionário, mas também se referia à necessidade de Chico de seguir "aberto" para continuar aprendendo, apesar de toda a bagagem de conquistas espirituais que já possuía.

E nós, depois de alguns anos de estudos do espiritismo, temos essa mesma abertura?

Somos uma casa aberta ou fechada em si mesma?

Somos guardiões apenas do passado ou construtores do futuro em nosso movimento?

Somos abertos para aprender com todos ou almas cristalizadas na convicção de que temos apenas que ensinar e corrigir os outros?

Somos apenas os que vigiam, criticam, protestam em nome da pureza doutrinária ou já conseguimos também acolher com empatia, amando quem erra, dando-lhe novas oportunidades, assim como temos recebido inúmeras vezes a misericórdia divina para com os nossos desequilíbrios? Ou alijamos pessoas, excluímos, censuramos quem não comunga exata e rigidamente com a nossa cartilha?

Se agimos assim, pouco temos aproveitado das lições do consolador prometido e, certamente, pouco aproveitaremos do imenso oceano de ensinamentos que a meditação nos reserva, pois seguiremos preferindo a suposta "terra firme" das nossas convicções às maravilhosas possibilidades e descobertas que a navegação por essas águas nos oferece.

Atenção plena é a capacidade inerente a todos nós, criaturas divinas, de estar presentes, conscientes, plenos naquilo que fazemos. É ter foco, viver ancorados no aqui e no agora, sem arrastamentos do passado e sem ansiedades futuras. É, na verdade, um estilo de vida!

Sugestões de leitura e aprofundamento

› Jon Kabat-Zinn. *Viver a catástrofe total*. Palas Athena.
› Danny Penman. *A arte de respirar*. Sextante.
› Glen Schneider. *Dez respirações para a felicidade*. Pensamento.

Vamos meditar?

- Convidamos você a reservar os próximos minutos e dedicá-los inteiramente a si mesmo.

- Descubra um contato calmo e acolhedor com o seu corpo. Faça isso, do seu jeito e no seu ritmo, antes de passar ao próximo passo.

- Sugerimos que você ajuste a postura como indicamos na meditação do capítulo 3. Quanto ao alinhamento da coluna, tente sustentá-la longe do encosto, se isso for viável para você. Se não for, não há problema em usar o apoio do encosto; apenas atente para não "largar" o corpo. Mantenha a intenção de sustentar a postura digna, identificando o peito aberto e revelando certa imponência, o que favorecerá seu estado de presença.

- Feche suavemente os olhos e, se possível, mantenha-os fechados de forma delicada. Nesse momento, *você não precisa ir a lugar nenhum, pois já está aqui!*

- Aproveite para aprofundar um pouco mais a autoconsciência: embora você já saiba que está aí, **sinta-se** nesse lugar, dedicando alguns momentos para registrar sequencial e calmamente a temperatura, os aromas, os sons e os ruídos. Perceba as nuances dessas sensações sem apego ou resistência. Proponha-se a estar aberto a reconhecer a transitoriedade desses estímulos. Lembre-se de que nesse momento você não precisa fazer nada sobre isso, não precisa reagir, julgar nem ao menos comentar. *Não há nada para fazer!*

    › Dica: ao perceber estar se envolvendo com pensamentos quaisquer, seja capaz de **observá-los também**, e retornar, gentilmente, ao propósito inicial. Faça isso quantas vezes precisar, abrindo mão de se chatear, pois não há nada de errado nisso. E, caso perceba estar julgando a prática no decorrer dela, lembre-se de que esse julgamento também não passa de mais um pensamento. Simplifique o quanto for possível.

- Agora, relaxe a musculatura abdominal e promova uma transição desse campo de percepções para a ancoragem respiratória.

- Observe a respiração natural por alguns instantes nas narinas, no peito e nas regiões das costelas e do abdômen. *Disponha-se a isso com curiosidade e calma ao passar de uma região à outra!*

- Atente à respiração no abdômen, ligeiramente abaixo do umbigo. Aproveite para relaxar ainda mais essa musculatura, se necessário. *Abra mão do esforço!*

  › Vá tomando consciência dos ciclos da respiração, abrindo mão de suprimir qualquer sensação. *Experimente essa abertura!*
  › Perceba cada inspiração e expiração, deixando ir qualquer possível impulso de superação. *Habite o momento presente!*
  › Chegando cada vez mais perto de si, com esse olhar observador e consciente, testemunhe a respiração instante a instante. Você será capaz de renunciar a qualquer necessidade e controle. *Faça isso sem julgamentos!*

- Aos poucos, retorne à percepção do corpo inteiro respirando, da postura, das impressões do corpo e do ambiente. Faça uma respiração profunda se quiser.

- Abra seus olhos devagar.

- Ouça seu corpo e suas necessidades de movimento, sempre lentos, até se espreguiçar.

- Observe como se sente, inicialmente sem avaliar!

- Procure levar consigo a intenção de estar presente e consciente ao longo do seu dia.

6

6

O SILÊNCIO COM MEIMEI

Nada poderia estar mais longe da verdade. Mas em um mundo dedicado à distração, o silêncio e a quietude nos aterrorizam; nós nos protegemos deles com ruído e ocupação frenética. Olhar para a natureza da nossa mente é a última coisa que nos atreveríamos a fazer. Às vezes penso que não queremos.

O LIVRO TIBETANO DOS MORTOS[48]

---

48 *O livro tibetano dos mortos*. São Paulo: Pensamento Cultrix, 2020, W.Y. Evans-Wentz (org.).

SPÍRITO DE GRANDE SENSIBILIDADE, DEDICADO À educação da infância no mundo espiritual e inspirador de inúmeras atividades educativas no movimento espírita, notadamente no campo da evangelização infantojuvenil, essa doce servidora escreveu páginas e livros por meio da mediunidade de Chico Xavier.

Em um desses livros, *Instruções psicofônicas*, encontramos um belo texto que vem ao encontro das análises que fizemos até aqui.

> *A melodia do silêncio*
>
> Repara a melodia do silêncio nas criações divinas.
> No Céu, tudo é harmonia sem ostentação de força.
> O Sol brilhando sem ruído...
> Os mundos em movimento sem desordem...
> As constelações refulgindo sem ofuscar-nos...

E, na Terra, tudo assinala a música do silêncio, exaltando o amor infinito de Deus.

A semente germinando sem bulício...

A árvore ferida preparando sem revolta o fruto que te alimenta...

A água que hoje se oculta no coração da fonte, para dessedentar-te amanhã...

O metal que se deixa plasmar no fogo vivo, para ser-te mais útil.

O vaso que te obedece sem refutar-te as ordens...

Que palavras articuladas lhes definiriam a grandeza?

É por isso que o Senhor também nos socorre, através das circunstâncias que não falam, por intermédio do tempo, o sábio mudo.

Não quebres a melodia do silêncio, onde tua frase soaria em desacordo com a Lei de Amor que nos governa o caminho!

Admira cada estrela na luz que lhe é própria...

Aproveita cada ribeiro em seu nível...

Estende os braços a cada criatura dentro da verdade que lhe corresponda à compreensão...

Discute aprendendo, mas, porque desejes aprender, não precisas ferir.

Fala auxiliando, mas não te antecipes ao juízo superior, veiculando o verbo à maneira do azorrague inconsciente e impiedoso.

"Não saiba tua mão esquerda o que deu a direita" – disse-nos o Senhor.

Auxilia sem barulho onde passes.

Recorda a ilimitada paciência do Pai Celestial para com as nossas próprias faltas e ajudemos, sem alarde, ao companheiro da romagem terrestre que, muitas vezes, apenas aguarda o socorro de nosso silêncio, a fim de elevar-se à comunhão com Deus.[49]

Devemos aprender com o silêncio que impregna toda a criação e que sem palavras articuladas dialoga incessantemente conosco, como vimos na filosofia poética de Léon Denis.

Meimei destaca que *o tempo é o sábio mudo* que nos socorre e ampara permanentemente.

Será que confiamos na ação do tempo?

Será que conseguimos ouvir as suas respostas às inúmeras perguntas que fazemos?

Aprendemos, de fato, com esse sábio, rico de sabedoria, sempre disposto a compartilhar seus ensinamentos conosco?

Fazemos com ele um acordo ou vivemos, em sua companhia, em um desacordo?

---

[49] Diversos Espíritos, Francisco Cândido Xavier, Arnaldo Rocha (org.). *Instruções psicofônicas*. Brasília: FEB. Capítulo 14, "A melodia do silêncio". Obra riquíssima de orientações lançada em 1955.

Nas questões existenciais em nossa vida afetiva, familiar e profissional, nas tarefas na casa espírita, na terapia que buscamos e nos tratamentos médicos que fazemos, na idade que alcançamos, o tempo tem sido visto e sentido por nós como aliado ou inimigo?

São perguntas que devemos nos fazer, sem nos sentir oprimidos nem diminuídos com as respostas obtidas, mas sensibilizados a estabelecer com o *sábio mudo* outra relação, uma relação de aprendizes abertos e dispostos a mudar.

Também em seu belo livro, *Pai nosso*, a doce Meimei escreveu outra mensagem delicada que merece a nossa atenção.

> *O silêncio*
>
> *O silêncio ajuda sempre:*
> *Quando ouvimos palavras infelizes.*
> *Quando alguém está irritado.*
> *Quando a maledicência nos procura.*
> *Quando a ofensa nos golpeia.*
> *Quando alguém se enceleriza.*
> *Quando a crítica nos fere.*
> *Quando escutamos a calúnia.*
> *Quando a ignorância nos acusa.*
> *Quando o orgulho nos humilha.*
> *Quando a vaidade nos provoca.*

> *O silêncio é a gentileza do perdão*
> *que se cala e espera o tempo.*[50]

A benfeitora nos convida a um silêncio genuinamente caridoso e cristão, que pode e deve ser exercitado para nos preservar de aborrecimentos e estados enfermiços, e de atritos desnecessários em nosso círculo de relações.

Silêncio que, para ser praticado, pede humildade, alguma maturidade e capacidade de perdoar.

Silêncio que alcançamos quando começamos a vislumbrar o quanto é possível nos amar sem narcisismo e arrogância, mas com autoestima.

Silêncio como atitude de amor ao próximo.

Além de Meimei, outros autores têm se dedicado a essa temática. Um deles, Anselm Grün, teólogo alemão e autor de mais de uma centena de livros, em sua obra *As exigências do silêncio*,[51] nos convida a uma reflexão em torno do falar e do calar, informando-nos de que *falar o tempo todo* nos expõe a alguns perigos, como:

---

50 Espírito Emmanuel, Francisco Cândido Xavier. *Pai nosso*. Brasília: FEB. Sexta parte, "Perdoa as nossas dívidas, assim como perdoamos aos nossos devedores", capítulo 30, "O silêncio". Obra lançada pela FEB em 1952 e, portanto, três anos antes da publicação de *Instruções psicofônicas*.

51 Anselm Grün. *As exigências do silêncio*. Trad. Carlos Almeida Pereira. 11. ed. Petrópolis, RJ: Vozes, 2014.

› curiosidade excessiva e desnecessária;
› julgamento contínuo dos outros;
› vaidade verborrágica;
› perda da vigilância e do cuidado interior.

A curiosidade excessiva a respeito da vida alheia pode nos conduzir a uma falação doentia, ofensiva, mórbida mesmo, de prazer em tecer comentários sem nexo ou até depreciativos sobre os erros de alguém.

Isso nos faz lembrar Jesus, que recomendou que tirássemos a trave dos nossos olhos em vez de apenas fixarmos o argueiro nos olhos daqueles que nos cercam. [*Mateus* 7:3–5]

Julgar os outros e tudo o que nos cerca, o tempo inteiro, nos afasta da sintonia mais fina com a beleza, com a delicadeza da vida em suas múltiplas manifestações. Submeter tudo ao crivo da razão em uma análise sem fim e minuciosa, sem pausas e sem qualquer contemplação, produz, com o passar do tempo, um esgotamento, um cansaço mental sem precedentes que nos predispõe a adoecer.

Não defendemos o abandono da razão, da fé raciocinada e do senso crítico – conquistas importantes salientadas pelos Espíritos amigos nas páginas da codificação –, mas, sim, o cuidado com o uso excessivo e desmedido desses atributos, a ponto de engessar nossa sensibilidade para o riso, o choro, a contemplação, o fruir de sentimentos.

Ao falar demais em uma conversação com uma pessoa ou um grupo, perdemos a medida do quanto falamos de nós mesmos, ainda que relatando fatos e aspectos dos outros. E, com tal hábito, apresentamos as credenciais do nosso egoísmo.

No fundo, estamos expondo nossas categorias de análise, os valores que nos conduzem nesse caminhar pela Terra, as conquistas ou as lacunas das aquisições intelectuais e morais que fizemos até o momento.

Falar demais gera dispersão e distração daquilo que é prioritário: o autoencontro e as transformações de que precisamos, com calma e suavidade, sem culpas nem martírios; e a substituição gradativa de hábitos nocivos por outros saudáveis.

Com esse cuidado, podemos manter a vigilância interior, isto é, estar vígeis, despertos, acordados para nós, para com o outro e para com o mundo.

Vigiar não é policiar ou estar "armado", neuroticamente em guarda o tempo todo, mas estar desperto para perceber tanto uma borboleta que passa quanto um estranho que se aproxima; registrar um canto de passarinho e um carro que se desloca em alta velocidade; uma fala que descamba para a maledicência e um comentário edificante em torno de um fato social.

Vigiar é perceber a natureza dos próprios e múltiplos pensamentos e estabelecer pausas nesse frenesi, alcançando um repouso temporário, brando e refazedor, em nossa própria companhia e na companhia de Jesus, que nos fez um convite amoroso a esse modo de descanso. [*Mateus* 11:28–30 e *Marcos* 6:31]

Mas só alcançaremos semelhante estado para lidar com nossas emoções, agressões e lacunas e nossos conflitos se formos capazes de praticar o silêncio interior. E, para isso, não basta fecharmos a boca!

Anselm Grün apresenta os vários tipos de silêncio:

› silêncio da fantasia;
› silêncio da memória;
› silêncio do coração;
› silêncio do amor-próprio;
› silêncio do espírito;
› silêncio do julgamento;
› silêncio da vontade.

Todos eles são muito importantes para o nosso processo de percepção sobre quem e como temos sido, a fim de facilitar a ampliação da nossa própria consciência.

E Grün conclui com profundidade, afirmando em ricas páginas:

> O silêncio e a fala não são dois polos opostos, mas eles se completam mutuamente. O que importa é falar de modo a não destruir a atitude do silêncio. Nosso falar é um teste que revela até que ponto nosso silêncio é autêntico. Quando tivermos aprendido o silêncio interior, então ao falar não haveremos de deixar o silêncio.[52]

---

[52] Anselm Grün. *As exigências do silêncio*. Trad. Carlos Almeida Pereira. 11. ed. Petrópolis, RJ: Vozes, 2014. pp. 35–36.

Devemos aprender com o silêncio que impregna toda a criação e que sem palavras articuladas dialoga incessantemente conosco. Silêncio que, para ser praticado, pede humildade, alguma maturidade e capacidade de perdoar. Silêncio como atitude de amor ao próximo.

Sugestões de leitura e aprofundamento

› Anselm Grün. *As exigências do silêncio*. Vozes.
› Kankyo Tannier. *A magia do silêncio*. Sextante.
› Erling Kagge. *Silêncio*. Objetiva.

Vamos meditar?

- Que tal uma pausa na leitura para fazer um pouco de silêncio? Quem sabe você poderá também perceber os silêncios ao seu redor ou, até mesmo, acessar o seu silêncio interno?

- **"Fazer" um pouco de silêncio**

    "Fazer" silêncio, no senso comum, significa não falar e não fazer ruídos, não produzir sons com a voz ou com o corpo. Experimente, então, observar como você pode ser capaz de se dedicar a isso durante determinado tempo. Talvez por uma hora, um pouco menos ou um pouco mais. Se estiver no grupo familiar ou de trabalho, talvez seja interessante avisar que está se dedicando a uma experiência, um exercício.

Busque agir a partir dessa intenção durante o tempo preestabelecido, cuidando para não exigir demais de si mesmo.

Procure fazer a escolha do tempo de acordo com o seu comportamento verbal nos últimos tempos. Se costuma se comportar como alguém mais calado, escolha um tempo um pouco maior, razoável para a sua experiência. E poupe-se de metas muito arrojadas, principalmente se você tem estado muito falante. O exercício não precisa nem deve ser uma espécie de sacrifício. Observe-se sem rigor e deixe fluir. Promova leveza ao intento. Poderá ser até mesmo divertido e revelador!

Depois, registre sensações, pensamentos e emoções.

- **Perceber "os silêncios" ao nosso redor**

    Você pode fazer isso agora ou escolher um ou mais momentos durante o dia – programar o alarme do celular como lembrete pode ser útil.

Durante apenas 1 minuto, ouça, mas procure reparar que entre os sons e ruídos que surgirão há espaços de silêncio (ou será que é o contrário?). Normalmente, identificamos o barulho, pois este nos chama mais atenção. Identificá-lo também pode nos conduzir, caso estejamos dispostos a isso, a encontrar os "intervalos" de silêncio. Com isso, podemos ser capazes de perceber os "silêncios" ao nosso redor: o número de intervalos, a duração de cada um e, principalmente, como nos sentimos ou reagimos a essa experiência tão diferente.

Depois, registre sensações, pensamentos e emoções.

- **Acessar o silêncio interno**

Sugerimos que você feche os olhos e diga a si mesmo, mentalmente: "Agora, aguardarei o meu próximo pensamento". Depois, fique bem atento e espere pelo próximo pensamento. Procure se comportar como um gato à espreita no buraco do rato. Qual será o pensamento que sairá do buraco do rato? Experimente agora.

Após cumprir essas instruções, responda para si mesmo como foi a experiência: houve imediatamente a percepção de um pensamento encadeado à proposição da espera? Muito provavelmente, não.

Essa experiência pode ser interessante e instigar novas práticas que o aproximem da meditação, propiciando a você descobertas pessoais e valiosas de acesso ao seu silêncio interno, que não prevê descrições.

7

ALLAN KARDEC
MEDITAVA?

Cremos em mundo espiritual, não como coisa separada deste mundo, mas como sua verdade mais íntima. No ar que respiramos devemos sentir sempre essa verdade: que vivemos em Deus.

RABINDRANATH TAGORE[53]

---

53 *Meditações*, outro livro muito bom de Tagore, publicado em 2007 pela Ideias e Letras, Aparecida, SP, com tradução de Ivo Storniolo.

CONSIDERANDO A GRANDIOSIDADE DA SUA MISsão no século XIX, seu passado como sacerdote druida entre os celtas e a sua tarefa na pele do teólogo e reformador Jan Huss [1369–1415] em existências passadas, além de sua personalidade muito intuitiva, entendemos que sim, ele de fato meditava!

As inúmeras citações contidas na codificação das palavras *meditar*, *reflexão*, *recolhimento*, *concentração*, *atenção*, *silêncio* e *contemplação* nos levam a crer que a meditação, em algum momento, pode ter sido um objeto de estudo por parte do codificador, sem que tenhamos um registro claro e específico a tal respeito.

Tal suposição, que agasalhávamos no início da escrita deste livro, encontrou respaldo na informação do Espírito Carlos Torres Pastorino, no livro que temos tomado como uma das nossas principais referências, *Impermanência e imortalidade*:

> [...] *recolhendo-se, como todo missionário e apóstolo, à solidão e à* **meditação***, inspirado pelos Guias da Humanidade,*

retornava ao mundo sensorial com as sublimes ideias que exarou na Codificação do Espiritismo.[54] [destaque nosso]

Além dessa obra de Pastorino, em outra obra publicada pela FEB, a *Biografia de Allan Kardec*, encontramos a reprodução de um escrito do codificador que respalda a informação do amigo espiritual:

> *Foi assim que mais de dez médiuns prestaram concurso a esse trabalho. Da comparação e da fusão de todas as respostas, coordenadas, classificadas e muitas vezes retocadas* **no silêncio da meditação**, *foi que elaborei a primeira edição de* O livro dos Espíritos, *entregue à publicidade em 18 de abril de 1857.*[55] [destaque nosso]

Portanto, meditar ajudou Allan Kardec a iniciar e a desenvolver seu formoso trabalho, comparando, refinando, revendo e nos legando essa joia de primeira grandeza que é *O livro dos Espíritos*, além de toda a codificação espírita.

Para a conclusão deste capítulo, evocamos a mediunidade gloriosa de Chico Xavier, recorrendo a um texto ditado a ele pelo Espírito Múcio Teixeira, poeta gaúcho, que se encontra no livro *Falando à Terra*. O texto cai como uma luva na personalidade de Kardec e nas características do seu trabalho missionário:

---

[54] Espírito Carlos Torres Pastorino, Divaldo Pereira Franco. *Impermanência e imortalidade*. Brasília: FEB. p. 148.
[55] Henri Sausse. *Biografia de Allan Kardec*. Trad. Evandro Noleto Bezerra. Brasília: FEB, 2012, p. 41.

Meditação

Sou filho de Deus e herdeiro da Criação.
O amor, divina luz, fulgura em mim.
Meus pensamentos renovam-me em ação incessante.
Cresço para a perfeição com o meu trabalho de cada dia.
Respiro em comunhão com a Vida Infinita.
Vivo entre meu Pai e meus irmãos, no silêncio e na atividade.
Valho-me do discernimento para
    encontrar a verdade pela porta do bem.
Estou aprendendo a encontrar a Infinita Sabedoria
    em todas as situações, seres e coisas do meu caminho.
Minha vontade é a minha bússola no mar da experiência.
Procuro no próximo a melhor parte.
Esqueço todo mal.
Recebo as dificuldades como lições.
Transformo-me naquilo que imagino.
Reconheço que devo render culto à
    Providência Divina, servindo aos outros.
A alegria é o meu clima.
A confiança é o meu processo de realizar.
Teço invisíveis laços para a materialização dos meus desejos.
Todas as criaturas me ensinam algo de belo e útil.
Agir para bem fazer é a minha obrigação incessante.
Em Deus tudo posso.[56]

---

[56] Diversos Espíritos, Francisco Cândido Xavier. *Falando à Terra*. Brasília: FEB, 1951, cap. 31.

Meditar ajudou Allan Kardec a iniciar e a desenvolver seu formoso trabalho, comparando, refinando, revendo e nos legando essa joia de primeira grandeza que é O livro dos Espíritos, além de toda a codificação espírita.

Sugestões de leitura e aprofundamento

- Hemin Sunim. *As coisas que você só vê quando desacelera*. Sextante.
- Thupten Jinpa. *Um coração sem medo*. Sextante.
- Rabindranath Tagore. *Meditações*. Ideias & Letras.

Vamos meditar?

- Sugerimos a você que mantenha a sua postura atual e ouça o seu corpo, atento às sensações.

- Agora, transite dessa para a postura de meditação já experienciada nos capítulos anteriores. Faça isso em câmera lenta, o mais lentamente possível, sentindo e acompanhando cada movimento de cada parte do seu corpo. Você encontrará, sem pressa, a postura sentada que seja firme e não rígida, regulando o conforto e a estabilidade a ponto de minimizar as necessidades de se mexer.

- Atente especialmente aos músculos da face, relaxando a testa, as sobrancelhas, a região entre as sobrancelhas, as têmporas, as bochechas e a mandíbula.

- Sinta os lábios suavemente encostados um no outro e, se parecer natural a você, experimente manter a ponta da língua encostada na face posterior dos dentes centrais da arcada superior.

- Feche os olhos suavemente.

- Faça duas ou três respirações profundas, habitando e acolhendo inteiramente a sua realidade física, deixando ir qualquer tendência ao apego ou à rejeição.

- Permita que a respiração flua naturalmente, plena, e a mantenha no primeiro plano de sua atenção. Acompanhe entre 5 e 10 ciclos respiratórios (ou mais, de acordo com as suas resistências). Procure estar presente à respiração, ao ar que vem e vai, momento a momento.

- Algumas sensações poderão surgir. Procure acolhê-las no campo da consciência e retornar à ancoragem respiratória, mansamente. Elas tenderão a se diluir em um tempo maior ou menor. É possível que algumas dessas sensações se devam a emoções provenientes de pensamentos. Você também pode estar consciente deles. Experimente esse olhar capaz de reconhecer o pensamento que chega e que passa, e retorne mansamente à ancoragem respiratória.

- Volte a dirigir a sua atenção principal ao corpo inteiro e abra os olhos devagar.

- Mova o corpo com intenção, iniciando serenamente pelos dedos dos pés e das mãos, passando por tornozelos e punhos, pernas e braços, coluna vertebral, cabeça e músculos da face.

- Mantenha a escuta atenta às impressões da prática.

- Intente levar a consciência de si para o fazer diário.

8

8

A PROPOSTA
DE JOANNA
DE ÂNGELIS

O reino da quietude que os sábios conquistam pela meditação é também conquistado pelos que praticam ações; sábio é aquele que compreende que essas duas coisas – a consciência mística e a ação prática – são uma só em sua essência.

BHAGAVAD GITA[57]

---

[57] https://www.yogaiabrasil.com.br/single-post/2017/08/26/a-bhagavad-gita. Acessado em 20 de março de 2021, às 17:52.

NA SEQUÊNCIA DE LIVROS PSICOGRAFADOS POR Divaldo Franco, ditados pelo Espírito Joanna de Ângelis e que constituem a chamada *Série Psicológica*, iniciada em 1989 com a obra *Jesus e atualidade*,[58] que encontramos na literatura mediúnica espírita a abordagem da meditação de modo explícito, contínuo e atual. Isto é, com o sentido que a palavra tem nos meios acadêmicos dos nossos tempos.

Antes desse período, a autora espiritual já havia ditado, em 1985, as páginas intituladas "Meditação", presente na obra *Episódios diários*,[59] e o texto "Necessidade da meditação", publicado pela revista *Reformador* em

---

[58] Espírito Joanna de Ângelis, Divaldo Pereira Franco. *Jesus e atualidade*. Salvador: LEAL, 1989.
[59] Idem. *Episódios diários*. Salvador: LEAL, 1985. Cap. 31, "Meditação".

1986,[60] e que, posteriormente, foi inserido no livro *Alegria de viver* em 1987.[61]

Também em seu livro *Estudos espíritas*, de 1982,[62] há uma proposta de meditação ao término de cada capítulo, mas cremos, particularmente, que meditar naquele contexto seria sinônimo de refletir.

Esses livros de Joanna de Ângelis, fundamentados na doutrina espírita, se articulam com a psicologia transpessoal, dialogam com as modernas conquistas da neurociência e com as culturas orientais ancestrais (budismo, hinduísmo, confucionismo etc.).

A prática meditativa contida na Série Psicológica não está direcionada a nenhum sistema em particular (meditação transcendental, raja-ioga, zen etc.) nem há ênfase específica sobre esta ou aquela técnica (vipassana, zazen, japa etc.), cabendo a cada um escolher para si a que melhor se adapte às suas características e singularidades.

O importante é que tais técnicas ou sistemas se harmonizem com aquilo que a pessoa considere razoável em seu sistema de crenças – em nosso caso, com o espiritismo. Mas essas técnicas e sistemas podem, inclusive, compor uma meditação laica.

---

60 Idem. "Necessidade da meditação". *Reformador*, Brasília, v. 104, n. 1.891, p. 300, out. 1986.
61 Idem. *Alegria de viver*. Salvador: LEAL, 1987.
62 Idem. *Estudos espíritas*. Brasília: FEB, 1982.

A mentora amiga destaca a importância da convivência com os necessitados de toda sorte, deixando claro que autodescobrimento, meditação e amor ao próximo não se separam. Ao contrário, se complementam!

Separamos algumas perguntas e citações que o ajudarão a entender de modo bem didático a proposta de Joanna sobre esse assunto. Vamos lá!

O que é meditar?

> *A meditação é a aplicação da concentração na busca de Deus, interiormente, com determinação e constância. Seu objetivo único é o de atingir o Fluxo Divino e conhecer Deus, senti-Lo e alimentar-se da Sua energia. É o estado de quietação mental.*
> — **Joanna de Ângelis**[63]

Sobre a meditação prática, Joanna de Ângelis oferece rico material, por meio do qual podemos compor a nossa metodologia pessoal.

Antes de nos concentrarmos nessa busca divina, é preciso entender que concentrar-se não é o mesmo que fazer força, apertar os olhos e cobrar-se uma respiração controlada o tempo inteiro.

Também não é cansar a mente, esgotando-se em uma prática capaz de conduzir a um exaurimento das nossas energias.

---

[63] Espírito Joanna de Ângelis, Divaldo Pereira Franco. *Plenitude*. Salvador: LEAL. p. 100.

Para nos concentrar, precisamos inicialmente melhorar a nossa atenção em relação a nós mesmos e ao mundo que nos cerca. Observar sem pressa e sem cobrança, sem culpa e sem julgamentos, cenas simples do cotidiano que habitualmente nos passam despercebidas. Observar sem a necessidade urgente de comentar.

Temos de ampliar o olhar, devolver aos sentidos sensações mais nítidas e puras, desenvolvendo a atenção requerida para meditar.

Podemos começar esse exercício de observação, de ampliação do nosso olhar, com uma tentativa de captar o aroma de uma comida; registrar o sorriso de uma criança ou um céu estrelado; sentir um desconforto qualquer no corpo, até mesmo uma dor; apreciar uma obra de arte; ouvir uma canção ou uma voz amiga que nos fala; sorver um gole de água; apreciar a carícia do ar ou o calor do sol na pele; testemunhar o movimento de veículos em um engarrafamento no trânsito com suas buzinas e sinais luminosos. Podemos tentar captar tudo isso e quaisquer outros momentos simples e corriqueiros de um dia comum.

Observar as próprias emoções, além de sentimentos e pensamentos, em suas manifestações, das mais ostensivas às mais sutis que envolvem o corpo e seus mecanismos fisiológicos, nos permite apreciá-las sem nos subjugar às narrativas mentais.

Tal atenção já é um início de concentração e, ao mesmo tempo, uma ampliação de nossas percepções ou registros. É, antes, com leveza e simplicidade, termos um foco atentivo no desenrolar da própria vida que se traduzirá em legítimo e progressivo estado de presença, conforme essa intencionalidade se mantém constante.

Determinação e constância precisam dar as mãos por meio da disciplina que não violenta, que não se revolta com os insucessos ou as dificuldades – que em si mesmos também podem e devem ser objetos de observação. Disciplina aqui não envolve o rigor da tensão, mas um fazer regular e organizado na ação presidida pela vontade, a comandante desse processo. A vontade é acessada e acionada coerentemente com o propósito superior do intento de quietação mental em direção ao fluxo divino.

Presentificar-se, momento a momento, no transcurso da própria vida é vislumbrar o acesso a esse fluxo. É sentir-se parte da divindade que está em tudo e em todos, como afirmou o apóstolo Paulo em sua pregação em Atenas, na Grécia, a qual Lucas registrou nos *Atos dos apóstolos* [17:28]:

> Pois nele vivemos, nos movemos e existimos, como disseram alguns dos poetas de vocês: Também somos descendência dele.

Alcançando, ainda que preliminarmente, tais sensação e sentimento, começamos a experimentar uma quietação mental em cujo processo, segundo Joanna de Ângelis,

> [...] há uma identificação entre a criatura e o Criador, compreendendo então, quem se é, por que e para que se vive.[64]

Tal movimento interno induz o ser à autorrealização e possibilita o entrever de percepções conscienciais ainda mais expandidas, nunca antes experimentadas. Assim, a mentora nos diz, no início do livro *O ser consciente*:

> A meditação ajuda-o [ser humano] a crescer de dentro para fora [...] realizando-se em amplitude e abrindo-lhe a percepção para os estados alterados de consciência.[65]

Para que meditar?

> Para um bom desempenho existencial, um adequado processo de evolução, torna-se indispensável uma análise profunda do Si, a fim de enfrentar a vida com seus desafios e encontrar as convenientes soluções.
>
> Entre os muitos métodos existentes, somos do parecer que a meditação, destituída de compromissos religiosos ou vínculos sectaristas – mais como terapia que outra qualquer condição – oferece os melhores recursos para a incursão profunda.
>
> — Joanna de Ângelis[66]

---

[64] Espírito Joanna de Ângelis, Divaldo Pereira Franco. "Necessidade da meditação". *Reformador*, Brasília, v. 104, n. 1.891, p. 300, out. 1986.
[65] Idem. *O ser consciente*. Salvador: LEAL. p. 9.
[66] Espírito Joanna de Ângelis, Divaldo Pereira Franco. *Vida: desafios e soluções*. Salvador: LEAL. Cap. 11, "Vida: desafios e soluções", seção "Meditação e visualização", p. 144.

O aspirante desavisado não raro busca a meditação como um recurso para se apartar da realidade da vida, almejando o fruir de sensações espetaculares, anestesiantes ou excitantes, como visões magníficas de luzes e cores ou viagens astrais, por exemplo.

Há quem a busque com a finalidade de uma blindagem psicológica, com vistas a se tornar imune aos reveses emocionais dos quais entende que deve se proteger.

Há uma série de outras motivações de caráter imediatista e superficial, incluindo a possibilidade de controlar os pensamentos ou ter pensamentos específicos, alcançar a mente vazia como em um passe de mágica e, assim, fruir de paz e calma incorruptíveis.

As intenções de mudar a si e o mundo não são desconexas daquilo a que a meditação, de fato, pode nos conduzir.

A concepção de Joanna de Ângelis, alinhada às proposições espíritas de autoconhecimento e de transformação moral, propõe a meditação como uma ferramenta terapêutica, mas uma que não substitui a necessidade da terapia especializada. Em outro momento, a benfeitora assim se expressa no livro *O ser consciente*:

> Na psicoterapia espírita, o conhecimento da sobrevivência e do inter-relacionamento entre os seres das duas esferas – física e espiritual – oferece processos liberativos centrados sempre na transformação moral do paciente, sua renovação interior e suas ações edificantes, que facultam o

> *discernimento entre o bem e o mal, propiciando a transferência para o nível superior, no qual se torna inacessível à indução perversa.*
>
> *A meditação, a busca interna, nessa fase, são relevantes e cientificamente basilares para o processo de crescimento, de discernimento, de lucidez.*[67]

Ao espírita, mobilizado em empreender esforços de transformação moral por meio de ações enobrecedoras, ativo por dignificar a própria vida nas lutas diárias de expiações e provas e desejoso de se manter em conduta adequada na relação com o mundo espiritual, a meditação se mostra como um recurso de basilar relevância. Ela confere a ampliação das percepções e projeta luz sobre a realidade, e refina a capacidade para escolhas mais acertadas, em harmonia com o propósito divino que nos anima e nos constitui.

Onde meditar?

> *[...] meditar, no próprio lar; orar, buscando sintonia com as nascentes do pensamento superior.*
> — Joanna de Ângelis[68]

---

67 Idem. *O ser consciente*. Salvador: LEAL. p. 125, cap. "Silêncio interior".
68 Espírito Joanna de Ângelis, Divaldo Pereira Franco. *Jesus e atualidade*. Salvador: LEAL. p. 92.

Essa colocação quanto ao local para a prática meditativa ajuda a desconstruir a ideia de que ela só pode ser feita em espaços especiais, com roupas específicas e na mais completa quietude para se obter o êxito desejado.

Além disso, sendo o nosso próprio lar um lugar de presença certa para todos nós em algum momento ao longo do dia, não haveria como nos abstermos de meditar alegando impossibilidade de deslocamento ao local apropriado, pois ele está, naturalmente, sempre à nossa disposição.

Sem desconsiderar situações especiais, o lar costuma ser onde desfrutamos de maior familiaridade, é para onde voltamos depois de um dia de trabalho ou de estudo. É onde o corpo habita, repousa e é higienizado, onde guardamos nossos pertences que, embora materiais e transitórios, compõem a dinâmica da nossa vida com fundamental importância. Enfim, o lar costuma ser onde nos sentimos mais à vontade e mais seguros.

É no lar que em grande parte dos casos há convívio com familiares. E, ainda que não haja condições desejadas de harmonia nas relações ali estabelecidas, essa habitação comum se constitui no espaço abençoado que oportuniza a reconstrução dos relacionamentos entre as pessoas envolvidas, as reconciliações entre os Espíritos que ali se agruparam por laços consanguíneos ou não.

Podemos concordar com Joanna de Ângelis quanto ao lar ser um espaço que também reúne condições favoráveis à pausa e à meditação, pois é nele que voltamos para nós mesmos com simplicidade, a simplicidade de nos sentir em casa.

No capítulo 1 do livro *Momentos de meditação*,[69] a autora espiritual também diz o seguinte sobre o local para meditar:

> *Escolhe um lugar asseado, agradável, se possível, que se te faça habitual, enriquecendo-lhe a psicosfera com a qualidade superior dos teus anelos.*

Havendo possibilidade de escolher um meio que favoreça o bem-estar pela qualidade das condições ambientais, melhor e mais saudável será a prática, principalmente quando as experiências de meditação ainda não forem habituais.

Ter dentro de casa, quando possível, um espaço de meditação costumeiro, onde você possa fazer da prática uma espécie de rotina, não como condição aleatória, mística ou por dependência de qualquer recurso externo, mas como disciplina para a formação e para a manutenção de um meio ambiente espiritual alinhado com o propósito de meditar, poderá contribuir bastante com o sucesso na construção do hábito e na formação de uma memória interna que reconheça a intenção por meio da repetição.

Essa constância de lugar ensejará o cultivo da ambiência espiritual, higienizando a atmosfera psíquica do recanto doméstico eleito para a prática.

---

[69] Idem. *Momentos de meditação*. Salvador: LEAL. Cap. 1, "Recorre à meditação".

Há, ainda, outras formas de ampliar o olhar acerca do lar como espaço indicado à meditação. Uma delas é a perspectiva de a própria meditação ser uma prática que atende à metáfora do caminho de volta para casa.

As diferentes técnicas meditativas aludem e convergem quanto a essa concepção e essa percepção.

Nos conduzimos "para fora" de nós mesmos quando nos permitimos ser arrastados pelos sentidos e corremos na aceleração da vida cotidiana que privilegia o ter, o aparentar, o comparar-se e o competir em detrimento do *ser*.

Nos envolvemos em demasia com os compromissos puramente materiais e transitórios. Com isso, desenvolvemos certa distração de nós mesmos, entramos em um círculo vicioso no qual renovamos as requisições imediatistas do ego, fomentando padrões de pensamento de insatisfação constantes, preocupações excessivas e, muitas vezes, fantasiosas, que não dão conta de nos preencher e nos fazer felizes.

Esse padrão mental se reflete em um estilo de vida acelerado e ansioso que nos distancia do contato conosco. É como se nos perdêssemos de nós mesmos, da essência espiritual que somos.

A meditação nos reconduz ao momento presente, ao aqui – nosso corpo –, e, com a constância da prática bem orientada, reaprendemos a fruir o agora, descobrindo um estado de presença, de voltar para si, "para dentro", de "voltar para casa".

Descobrimos no lar interno o verdadeiro refúgio para repouso e refazimento de energias, que nos relaxa e nos deixa despertos e mais conscientes.

Essa descoberta, que se constitui em uma caminhada contínua, dinâmica e grata de autoconhecimento, nos facultará, aos poucos, a habilidade cada vez mais plena de meditar em qualquer lugar em que estejamos: um templo, uma praia, um retiro espiritual, a sala de espera do dentista, uma estação de trem ou de metrô.

Assim, podemos considerar o lar como um importante e fecundo laboratório de experiências meditativas.

As ações domésticas rotineiras, tantas vezes desempenhadas no automatismo da inconsciência, podem ser ricamente exploradas quando levamos a elas mais atenção, quando estamos disponíveis para vivê-las de fato e não apenas a executá-las. Por exemplo:

› dar-se conta do próprio corpo na cama antes de levantar (ou pular dela) pela manhã;
› sentir a temperatura, o gosto e o cheirinho do café em vez de alimentar pensamentos antecipatórios sobre os desafios a ser vividos em um dia que nem bem começou;
› testemunhar a pressão da água do chuveiro sobre a cabeça e a sensação que ela provoca ao molhar os cabelos e escorrer pelo corpo durante o banho, percebendo o aroma e a textura do sabonete sem ser sequestrado pelo pensar ruminante das situações estressantes vivenciadas no trabalho;

› vestir a roupa percebendo a sutileza do gesto na ponta dos dedos ao abotoar a blusa, suspender o zíper da calça e amarrar o cordão dos sapatos sem interromper esse fluxo de presença por checagens repetitivas ao celular como quem, na verdade, não sabe o que procura.

Lembre-se: lavar a louça, varrer a casa, preparar a comida e estender a roupa são tarefas que podem ser feitas com presença plena, com a mente meditativa.

É preciso dar a essas e outras tarefas do lar não apenas o *status* de tarefas-meio a ser executadas com pressa e, às vezes, até com um certo pesar para que a finalidade seja alcançada – louça lavada, casa varrida, comida pronta, roupa estendida –, e passar a reconhecê-las também como um fim em si mesmas, pois, enquanto elas acontecem – a louça é lavada, a casa é varrida, a comida é preparada e a roupa é estendida –, é exatamente ali, e não em qualquer outro lugar ou outro momento, que a vida está de fato acontecendo.

A vida só acontece no momento presente!

A simplicidade da vida no lar nos oferece uma infinidade de oportunidades todos os dias!

Qual postura?

> Assim, importantes não serão a postura, as palavras mântricas, as melodias condicionadoras, mas os meios que sejam mais compatíveis com cada candidato e suas resistências psicológicas. [...] e a eleição de uma postura que não se faça pesada, cansativa e constritora.
> — Joanna de Ângelis [70]

Importa que a postura seja cômoda, e isso significa dizer que cada pessoa há de acomodar seu corpo de maneira a atender às necessidades próprias de suas condições físicas. Dessa comodidade, deve resultar a maior estabilidade possível, uma sensação de firmeza.

A estabilidade e a firmeza devem estar em harmonia com o relaxamento de tensões, e esse relaxamento não deve favorecer o sono e as divagações mentais, que, por si só, tendem a acontecer naturalmente. Por isso, meditar deitado ou sentado em uma superfície muito confortável pode ser mais desafiador.

A título de não relaxar demais, importa cuidar para não recair em uma postura tensa em cujos ajustes os músculos estejam excessivamente rígidos, o que certamente resultará em desconfortos indesejáveis e manterá a mente focada no incômodo do corpo.

---

[70] Espírito Joanna de Ângelis, Divaldo Pereira Franco. *Vida: desafios e soluções*. Salvador: LEAL. Cap. 11, "Vida: desafios e soluções", seção "Meditação e visualização", p. 145.

É importante reconhecer a posição do corpo que ofereça uma espécie de "encaixe" que possibilite uma razoável estabilidade, equilibrando o relaxamento e levando a uma postura ativa e consciente.

Com tal regulação postural, nos conduzimos a um estado mental que favorece a atenção, o interesse, a curiosidade e, portanto, a presença.

Jon Kabat-Zinn, em seu livro *Aonde quer que você vá, é você que está lá*,[71] menciona que costuma pedir aos seus alunos que se sentem com imponência.

Segundo o autor, essa se mostrou como uma maneira de induzi-los com facilidade a uma forma de sentar-se devidamente ajustada para a meditação. Para Kabat-Zinn, o uso da palavra "imponência" faz com que as pessoas assumam imediatamente uma posição mais ereta, sem ficar tensas; o rosto relaxa; os ombros abaixam; a cabeça, o pescoço e as costas se alinham com facilidade. A coluna se ergue da pelve com energia. Algumas vezes, as pessoas tendem a se inclinar um pouco para a frente, afastando-se do encosto da cadeira, de maneira mais autônoma. Todo mundo parece conhecer a sensação interior de imponência.

Fica aqui a sugestão, um modo de experimentarmos a nossa própria posição de autêntica imponência na descoberta da postura pessoal de meditação, o que deve se dar com simplicidade e na vivência de diversas

---

[71] Jon Kabat-Zinn. *Aonde quer que você vá, é você que está lá*. Trad. Alves Calado. Rio de Janeiro: Sextante.

experiências até que, em nosso tempo pessoal, possamos encontrar a melhor postura.

Há uma analogia tradicional que diz que a postura deve ser como a de um rei ou de uma rainha sentados em seus tronos, o que nos leva a pensar em nobreza, certa altivez, elegância, leveza e segurança. Essa imagem bem ilustra a orientação de Joanna de Ângelis, pois, ao imaginar reis e rainhas, desses que se dispõem a reinar em favor de seus súditos, de seu povo, a imagem que nos vem à cabeça não envolve a constrição e a tensão, muito menos o desleixo e a sonolência.

Ademais, para além do alinhamento e do ajuste físico adequados, e sob a ótica dessa imagem de realeza, encontramos o inegável fenômeno da conexão mente-corpo. Pela via corporal, acessamos a via mental que, muito mais facilmente, pode se manter em coerência harmônica com o que o corpo lhe comunica: segurança, estabilidade, simplicidade, leveza, presença e atenção, desde que mantenhamos a intenção da prática regular e amorosa. Essa conexão, realimentada incessantemente em um processo de círculo virtuoso – à medida que a postura mental também trata de oferecer suporte à física –, trará, pouco a pouco, qualidade à prática.

Torna-se, o ser que medita, cada vez mais livre nas escolhas que faz para conduzir os destinos do seu *reino pessoal*, emocional, espiritual, psíquico e físico sob as luzes da consciência cada vez mais desperta.

Sentar-se no chão, sobre uma almofada, com as pernas cruzadas à moda oriental poderá ou não favorecer o estabelecimento das orientações posturais aqui relacionadas. Isso se verificará de acordo com cada pessoa, com a flexibilidade do corpo ou com o quanto cada um se dedicou a repetir com paciência tal ajuste postural.

A posição sentada em cadeira é indicada. A cadeira deve ter espaldar reto para que a coluna vertebral possa também estar reta, suavemente alongada e devidamente alinhada com o pescoço e a cabeça.

No assento firme que garanta segurança, sentar-se sobre os ísquios – ossos que constituem a zona inferior da pélvis (quadril) – com as pernas em um ângulo de 90° e os pés com as solas bem apoiadas no solo, muito contribui para que alcancemos o estado desejado descrito por Joanna de Ângelis, e que é corroborado pela meditação laica.

A coluna poderá encostar suavemente na cadeira ou se manter firme, dispensando o encosto, o que seria ainda melhor.

Os braços soltos devem pender a partir dos ombros relaxados – e não curvados, mas, sim, alinhados.

O peito aberto desenha uma presença digna.

As mãos devem ficar em repouso da maneira que convier, seguindo os mesmos princípios posturais gerais, e poderão descansar sobre cada coxa com as palmas para baixo ou para cima, ou se sobreporem uma à outra.

A postura, organizada segundo esses princípios, de forma desapegada de quaisquer excentricidades, recursos externos ou crenças incongruentes com as adotadas pelo espírita aspirante à prática, facilmente atenderá a mais um requisito indispensável no pensar de Joanna: o da boa respiração.

Localizar a respiração no corpo, testemunhar as sensações dela provenientes, reconhecer as percepções e manter-se atento com leveza e aceitação ao ar que inala e exala, instante a instante, favorece, fortalece e amplia a conexão mente-corpo, o estado de presença – o aqui, agora.

Podemos entender que qualquer limitação, ocasional ou não, em termos de integridade física ou motora não constitui obstáculo ou impedimento à iniciação e à manutenção da prática da meditação.

*

Palavras mântricas e melodias condicionadoras, assim como a postura, também são mencionadas pela autora espiritual como sendo, na visão espírita, não importantes nem decisivas para o ato de meditar.

Por outro lado, assim como o uso da música pode contribuir para o relaxamento, a adoção de mantras pode facilitar a concentração para alguns. A questão, ao nosso ver, é inteiramente pessoal.

Utilizar a música de forma terapêutica, na visão de Joanna de Ângelis, é ação aceitável e útil, devendo ser observada, porém, a contraindicação dessa adoção quando da fase inicial das práticas, a fim de evitar a dependência desse gênero.

De origem indiana, a palavra *mantra* é composta por duas sílabas de forte significado: *man* (mente) e *tra* (entrega).

Apesar de terem surgido ligados ao budismo e ao hinduísmo, os mantras não estão presos a uma religião. São uma combinação de sons emitidos repetidamente para a concentração da mente, a reflexão e a centralização de energia. Podem ser monossilábicos ou conter palavras, frases curtas e até mesmo textos mais longos. Eles também podem surgir classificados como hinos, canções ou orações. Originalmente, os mantras estão registrados nos *Vedas*, as quatro obras indianas que originaram o sânscrito clássico. Com isso, a língua original de todos os mantras tradicionais é o sânscrito.

Atualmente, muitas pesquisas de neurocientistas destacam como a técnica é capaz de auxiliar na concentração e acalmar o sistema nervoso.

A partir da repetição dos mantras, as pessoas conseguem deixar sons externos em segundo plano e aumentar a capacidade de concentração.

No contexto espírita, escolher um pequeno trecho inspirador do evangelho do Cristo para repetir e servir de objeto de concentração, por exemplo, pode ser de grande utilidade em momentos de intensa agitação mental oriundos de preocupações em demasia ou emoções em desalinho.

Além de exercer a função de uma espécie de mantra, na intenção de ajudar na concentração, essa repetição colabora para o direcionamento a valores que elevam e dignificam o ser, domando a mente que, no dizer de

Joanna de Ângelis, pode ser comparada a um cavalo rebelde.[72]

Sobre a adoção ou não de mantras, melodias e posturas, à vida privada de cada pessoa que resolva meditar, cabe aplicar a seguinte orientação da benfeitora:

> *Não há regras rígidas estabelecidas, antes propostas que facultem a educação da mente e criem o hábito da interiorização, face ao contubérnio [convivência sob o mesmo teto] em que se vive, distante de todo processo que induz ao silêncio mental, ao equilíbrio das emoções, à harmonia do pensamento.*[73]

Como meditar?

> *[...] sugerimos que o indivíduo busque relaxar-se ao máximo, iniciando pela concentração em determinadas partes do corpo, a saber: no couro cabeludo, na testa, nos olhos – cerrados ou não, como for melhor para cada um – na face e descendo até os dedos dos pés.*
> — Joanna de Ângelis[74]

---

[72] Espírito Joanna de Ângelis, Divaldo Pereira Franco. *Vida: desafios e soluções.* Salvador: Leal, 1997, cap. 11.
[73] Idem. *Vida: desafios e soluções.* Salvador: LEAL. Cap. 11, "Vida: desafios e soluções", seção "Meditação e visualização", p. 146.
[74] Espírito Joanna de Ângelis, Divaldo Pereira Franco. *Vida: desafios e soluções.* Salvador: LEAL. Cap. 11, "Vida: desafios e soluções", seção "Meditação e visualização", p. 145.

Embora diferentes sistemas e técnicas estejam cada vez mais acessíveis ao cidadão comum não engajado nessa ou naquela tradição espiritual, ainda há certos mitos, e muitas pessoas resistem em se aproximar de qualquer tipo de orientação.

Alguns se baseiam unicamente em fotos publicadas em revistas ou em certas cenas de filmes que deram conta de traduzir a prática como exótica, complexa e inacessível. Apressam-se por concluir que, para meditar, devem se impor um novo padrão respiratório, entrar em estado consciencial alterado ou lutar com os pensamentos, a fim de tornar a mente vazia e se manter inerte por um tempo excessivamente prolongado.

Esse quadro, pintado a partir de ideias preconcebidas sobre como a meditação acontece, obviamente dá conta de eliminar a mais discreta motivação naqueles que desejam meditar.

Como pudemos ver nos itens anteriores o que é meditação e quais são as suas finalidades na ótica espírita, qual é o local mais apropriado à realização da prática e, principalmente, qual deve ser a postura adotada, fica claro que a proposta de Joanna de Ângelis tem como característica a sobriedade.

Ela se coaduna com a simplicidade na qual a prática meditativa das diversas origens e tradições se fundamenta, porém, nem sempre na forma, tendo em vista que dispensa excentricidades, rigorismos, formalidades e rituais externos.

A benfeitora espiritual se opõe à adoção prévia de qualquer artifício de aparência ou sacrifício. Antes, orienta o aspirante à prática a fazer, desde o início, suas próprias escolhas a partir da observação das suas próprias condições pessoais (físicas e psicológicas). Ela deixa claro que a eleição de fatores externos poderão, sim, agregar positivamente, e que isso variará de pessoa para pessoa, mas que esses fatores não são decisivos para o sucesso da prática, que se deve, principalmente, à postura mental cultivada.

Meditação, portanto, nessa visão, é algo que está além da técnica adotada.

As afinidades das orientações de Joanna de Ângelis com a meditação laica, o *mindfulness* (atenção plena), são flagrantes.

A meditação da atenção plena se originou do budismo e foi sistematizada modernamente a partir de pesquisas científicas, com avanços e publicações que não cessam de progredir nos meios acadêmicos e fora dele, desde os anos 1990.

Desde meados da década de 1970, pessoas não necessariamente seguidoras do budismo já se abriam ao conhecimento dessa prática milenar por meio da farta literatura produzida pelo monge vietnamita e zen-budista Thich Nhat Hanh.

Curiosamente, mas certamente não por acaso, vemos que a autora espiritual, além de pontuar de forma clara a valorização da prática meditativa no processo de autorrealização e desenvolvimento espiritual do ser, também faz menção ao budismo em diversas de suas obras

(*Plenitude*[75] é uma delas), encadeando com profundidade a análise das suas convergências com a proposta espírita, além de estabelecer as devidas distinções.

*

Ao manter a estabilidade na postura escolhida, deixando-a mais adaptada à singularidade das condições do próprio corpo, nós a sustentamos com autonomia pela ação da vontade e da disciplina. Ao mesmo tempo, relaxamos os músculos, encontrando conforto.

O relaxamento, assim dosado, é necessário à meditação, faz parte dela, compõe de maneira fundamental a forma ideal para o acesso ao estado meditativo.

Podemos dizer, assim, que o relaxamento faz parte da meditação, mas que nem todo tipo de relaxamento é adequado a esse intento.

Se extrapolamos e relaxamos além da conta, podemos fruir os benefícios do descanso que conduz ao sono. Isso pode ser bom se o que mais necessitamos é descansar, abrir mão da vigília. Nesse caso, o relaxamento profundo pode ser terapêutico, porém, não está mais a serviço da meditação, prática em que devemos nos manter despertos. Para isso é recomendável praticá-la, preferencialmente, quando não estamos cansados ou com sono.

---

[75] Espírito Joanna de Ângelis, Divaldo Pereira Franco. *Plenitude*. Salvador: LEAL, 1991.

A orientadora espiritual nos sugere a concentração em determinadas partes do corpo, revezando o foco atencional entre cada uma delas. Isso remete à conhecida prática de "escaneamento corporal", na qual somos convidados a ancorar a mente nas várias partes do corpo em repouso. Essa experiência facilita o reconhecimento das sensações quando e enquanto surjam de forma espontânea e natural, externa e internamente, sem julgamentos, com aceitação, curiosidade e gentileza, instante a instante.

Essa prática desenvolve a consciência corporal, a regulação atencional e promove a oportunidade de sentir que habitamos nosso próprio corpo com atenção e cuidado amoroso.

*

Até aqui foi possível constatar o quanto é fundamental que dirijamos especial atenção ao corpo físico. Abordamos desde as sugestões para um adequado ajuste postural até a proposta de relaxamento para cada parte do corpo. Isso propicia o fruir natural e contínuo de um estado de presença em si.

No movimento de estreitar o contato com o corpo, promovemos uma espécie de retorno, de *volta para casa*. As percepções começam a se tornar mais claras e ganhamos mais familiaridade no reconhecimento das sensações.

Esse *estado de presença* se amplia à medida que nos concentramos especialmente na respiração. Quando nos ancoramos mentalmente na respiração, a conexão mente-corpo tende a aumentar ainda mais.

É importante destacar que não estamos aqui fazendo um chamado à prática de exercícios respiratórios, o que pressuporia exercer algum tipo de controle sobre o fluxo natural do ar.

Exercícios respiratórios, oriundos de diversas técnicas terapêuticas, podem ser bastante úteis a título de sensibilização, propriocepção, inclusive, atuando direta e positivamente em nossos estados mental, emocional e psíquico. Sobretudo os pranaiamas, originários do ioga, que são comprovada e inestimavelmente eficazes para esta e outras finalidades na jornada do autoconhecimento e da plenificação do ser.

O que Joanna de Ângelis propõe é que sintamos o ar.

Essa parece ser uma tarefa bastante fácil e, embora saibamos que respiramos desde que nascemos, é fato que nos desacostumamos com o sentir, com a sensação de estar respirando.

A boa respiração, à qual se refere a autora espiritual, constitui-se também de outras qualidades, como ser completa, nasal, silenciosa e sem esforço. Desenvolver esse padrão, retornar a esse modo original, nos trará ganhos significativos em termos de qualidade de vida, com reflexos positivos na execução do nosso planejamento reencarnatório.

Com que frequência?

> A meditação deve ser, inicialmente, breve e gratificante, da qual se retorne com a agradável sensação de que o tempo foi insuficiente, o que predispõe o candidato a uma sua dilatação.
> [...]
> A sua repetição sistemática, uma ou duas vezes ao dia, cria uma harmonia interior capaz de resistir às investidas externas sem perturbar-se, por mais fortes que se apresentem.
> — Joanna de Ângelis [76]

A frequência da prática não deve ser predeterminada; ela não deve ser igual para todas as pessoas, principalmente durante as primeiras investidas. O objetivo é construir o momento pessoal de meditação de acordo com as próprias percepções.

Em harmonia com as proposições de diferentes escolas tradicionais de meditação e com os resultados das pesquisas mais modernas em neurociência sobre a constância da prática, Joanna de Ângelis defende, a partir de um período de autopercepção, já descrito anteriormente, que o indivíduo adote a repetição sistemática uma ou duas vezes ao dia. Ela alude a essa frequência como responsável pela criação da harmonia interior

---

[76] Espírito Joanna de Ângelis, Divaldo Pereira Franco. *O homem integral*. Salvador: LEAL. Cap. 8, "O homem perante a consciência", seção "Meditação e ação", p. 133.

genuína e não dependente das circunstâncias externas, sejam elas quais forem.

Para adotar essa regularidade, é necessário construir o hábito de maneira gradativa. Com o tempo, ganhamos acesso à prática sistemática, que é então incorporada à rotina com naturalidade. Isso acontece aos poucos e, desde o princípio, não dispensa autopercepção.

Embora seja um treinamento, é fundamental que estejamos dispostos a olhar para dentro de nós mesmos e a nos perceber, calmamente. Isso é uma espécie de pré-requisito, pois a dilatação do tempo dedicado a cada experiência dependerá da qualidade das vivências anteriores.

Um único ciclo de respiração consciente pode ser o ponto de partida; e como pode ser executado diversas vezes ao dia com facilidade, ele nos convida a manter a agradável sensação de presença e atenção na observação calma e não julgadora do momento presente. Para que isso aconteça, podemos, gradativamente, ampliar para dois ciclos de respiração consciente, depois para três, e assim por diante.

Outra sugestão para as primeiras investidas a partir de experiências breves é começar com um horário e um local previamente estabelecidos e carinhosamente escolhidos.

Consultar o relógio antes e depois da prática nos dará a noção de duração e ampliação do tempo, até que possamos chegar a uma espécie de período habitual e estabelecer uma rotina. Recorrer ao relógio nessa estratégia em nada nos convida à ansiedade de superação ou de indução ao desejo de bater recordes, por exemplo.

Essa estratégia de acesso calmo e gradativo, sem amarras nem cobranças, conduzida continuamente pela identificação das percepções gratificantes, dá conta de construir autonomia. A ampliação do tempo demonstra respeito, aceitação e cuidado consigo mesmo. Tais posturas amplificam as percepções, são como senhas que nos permitem o acesso ao próximo passo de uma caminhada honesta, silenciosa e reveladora de paz interna, de harmonia interior.

Assim, gradativamente, o tempo de meditação se dilata, naturalmente, como uma flor que desabrocha a partir do cultivo atencioso do jardineiro.

Lembretes importantes

› Não é incomum associarmos atenção à tensão e à rigidez.
› A atenção à qual somos convidados a descobrir, reconhecer e cultivar na prática meditativa abre mão de expectativas e idealizações, pois está focada no momento.
› Convidados à observação dos acontecimentos que não podemos evitar e fazer isso de forma equilibrada, significa ser capaz de simplesmente testemunhar o que surge; o que surge e se mantém; o que surge e logo passa; o que surge e se mantém e depois passa, na dinâmica da sucessão dos acontecimentos.

› No campo dos acontecimentos internos, surgirão outras percepções eventuais, como algum desconforto – dor, coceira, pigarros ou sono – e, certamente, divagações mentais, pensamentos e emoções, ou, ainda, estímulos sensoriais, como ruídos e aromas do ambiente.
› Necessidades físicas podem e devem ser atendidas, o que faz com que evitemos a pressa ou a reatividade.
› Observar, de forma equilibrada, que a prática não prevê esforço nem resistência ao que possa haver nos permite o retorno gentil e paciente à ancoragem, objeto de atenção principal, e à respiração, sempre em mente. Trata-se de uma observação calma, pois pressupõe a aceitação e o acolhimento sem o apego reativo e julgador.
› A paciência é uma atitude fundamental nesse processo. É com paciência que a mente muito acelerada e indomada tenderá a ser conquistada pelo ser autônomo, que a observa e a reconduz gentilmente ao agora diversas vezes durante a prática. Essa atitude não é exercida com o mundo externo, mas conosco.

Segundo a mentora, nossa mente, atributo do espírito imortal, é um país desconhecido. Dedicar-se à meditação é empreender uma incursão segura, reveladora e iluminada pela luz da consciência.

É importante a convivência com os necessitados de toda sorte. Autodescobrimento, meditação e amor ao próximo não se separam. Ao contrário, se complementam!

Sugestões de leitura e aprofundamento

› Paramahansa Yogananda. *Autobiografia de um iogue*. Summus.
› Thich Nhat Hanh. *Paz mental*. Vozes.
› Carlos Henrique Viard. *Yoga: inspirando paz, expirando amor*. Editora dos Frades.

Vamos meditar?

- Escolha o local de sua preferência, um recanto simples e sóbrio no qual você se sinta bem.

- Sente-se na postura que tem se revelado como a mais apropriada à sua prática, de acordo com a orientação de Joanna de Ângelis, e estabeleça o tempo de permanência.

- Observe a respiração acontecendo naturalmente em seu corpo, atento à percepção do fluxo momento a momento.

- Renove a intenção de permanecer ancorado na respiração, em pleno testemunho.

- Todas as vezes que perceber a mente divagando, retorne à respiração, gentilmente.

- Após o tempo estipulado, abra os olhos lentamente, fruindo os efeitos da prática, observando como se sente.

- Renove a intenção de levar presença, clareza e discernimento para os outros momentos da sua vida.

9

9

OS BENEFÍCIOS DA MEDITAÇÃO

*Você não é uma gota no oceano,
mas um oceano numa gota.*

RÛMI [77]

---

[77] Rûmi [1207–1273] foi um poeta, jurista e teólogo sufi persa do século XIII. http://www.nasrudin.com.br/poemas-de-rumi/tudo-se-resume-no-amor.htm. Acessado em 20 de março de 2021, às 18:11.

OS DIFERENTES AUTORES E LIVROS CITADOS como sugestão de leitura em cada capítulo são unânimes em afirmar e citar os diversos benefícios oriundos da prática meditativa.

Fazendo um apanhado do que publicaram em suas obras, chegamos a uma significativa relação de benefícios já comprovados por meio das pesquisas que alguns desses autores realizaram.

De acordo com Andy Fraser, escritor e praticante de meditação, e Sogyal Rinpoche, monge e escritor, no livro que já recomendamos aqui, *O poder de cura da meditação*,[78] os benefícios da meditação são os seguintes:

---

[78] Andy Fraser (org.). *O poder de cura da meditação*. São Paulo: Pensamento, 2015.

› Reduz a atividade e o tamanho da amígdala, uma parte do cérebro associada ao medo e à ansiedade.
› Protege o córtex cerebral dos efeitos do envelhecimento e pode estimular a telomerase, uma enzima que protege as células e está associada à longevidade.
› Aumenta a nossa capacidade de concentração e melhora nossa percepção visual.
› Aumenta a atividade do cérebro para que possamos reagir de forma mais adequada à depressão, à ansiedade e à bipolaridade.
› Diminui os níveis de cortisol, hormônio associado ao estresse.
› Contribui para o desenvolvimento da empatia e da compaixão.
› Atua como um tranquilizante mental, produzindo um estado de profunda paz interior.
› Dissolve a dor e a angústia provocadas por nossa luta contra nós mesmos; nos sentimos, assim, mais confortáveis em nossa própria pele.
› Possibilita o perdão e o autoperdão compassivo.
› Faz com que conflitos internos sejam mais facilmente resolvidos, e, com isso, nos ajuda a melhorar nossa postura também nas relações interpessoais.
› Proporciona um desejo maior pela simplicidade, uma percepção maior da beleza, e um gosto pelo silêncio, pela escuta profunda e respeitosa passam a nos acompanhar.

Naturalmente, nada disso vem de graça, rápida e instantaneamente. Alcançar esses objetivos exige prática, dedicação, tempo e disciplina, mas é algo perfeitamente acessível a qualquer um que se permita viver tal experiência.

Isso vale para qualquer área de estudo, profissão, esporte ou comportamento cristão que queiramos ter e fazer dominante em nossa conduta e individualidade.

Falamos aqui de *prática meditativa*, porém, a constância dessa prática nos conduz a um *estado meditativo* que passa a predominar em nossa natureza, ajudando-nos a viver a vida social com mais serenidade.

A meditação reduz o medo e a ansiedade, amplia a longevidade, aumenta a concentração, potencializa a resposta a transtornos, diminui o estresse, desenvolve a empatia e a compaixão, produz a paz interior, dissolve a dor e a angústia, melhora as relações interpessoais, desenvolve a simplicidade...

Sugestões de leitura e aprofundamento

- Roberto Cardoso. *Medicina e meditação: um médico ensina a meditar*. MG.
- Dan Harris. *10% mais feliz*. Sextante.
- B. Alan Wallace. *A revolução da atenção: revelando o poder da mente focada*. Vozes.

Vamos meditar?

- Até aqui, descobrimos alguns importantes benefícios da meditação. Para uma boa prática, porém, é fundamental que não nos ocupemos de expectativas quanto a esses benefícios. É a dedicação sincera e disciplinada, regular e gentil a uma mesma técnica, quase que de forma despretensiosa, que florescerá em preciosos resultados.

- Assuma a sua postura de meditação após o ajuste do tempo previsto para a prática.

- Esteja consciente da intenção de manter vivo o seu estado de presença no aqui e agora.

- Observe como você está se sentindo, sem análise ou julgamento. Apenas sinta e acolha esse estado.

- Perceba o seu corpo de maneira bem simples e compassiva.

- Repouse a consciência em cada parte do corpo, transitando vagarosamente dos pés até a cabeça.

- Ao chegar ao topo da cabeça, abra novamente o seu campo de atenção para o corpo todo. Note a sua respiração e ceda espaço para que ela se aprofunde e lentifique sob o seu olhar atento e leve, fielmente interessado. Mantenha a respiração como âncora. A cada distração, retorne a ela.

- Medite!

- Sua atenção tenderá, aos poucos, a ganhar a leveza da intenção de se manter na prática. Essa, por sua vez, tenderá a fruir em entrega inigualável, permitindo a você fruir o seu estado meditativo.

- Terminado o tempo previsto para a prática, respire profundamente, abra os olhos devagar, se espreguice e, principalmente, renove sua intenção de levar amorosamente para o seu dia o estado de consciência desperta.

10

CONCLUINDO

Mesmo a gota de água que desce pela montanha não pode interromper seu curso após alcançar um riacho ou um rio, por maior que ele seja; por fim, mesmo aquela gota de alguma maneira encontrará seu caminho para o oceano.

SWAMI VIVEKANANDA[79]

---

[79] Swami Vivekananda. *Bhakti-Yoga: o caminho do amor*. Vedanta. p. 119.

DEPOIS DE TODO ESTE PERCURSO, PERCEBEMOS QUE a meditação é uma importante ferramenta para a nossa saúde integral.

É recomendada pela Organização Mundial de Saúde (OMS) e pelo Ministério da Saúde do Brasil como sendo uma *prática integrativa complementar* aos tratamentos de saúde. Recomenda-se, inclusive, que seja oferecida juntamente com outras práticas em postos de saúde municipais, já que ela pode nos ajudar em processos de autoconhecimento e de transformação interior.

Pode, juntamente com o conhecimento e a vivência espírita, fundamentada no Evangelho, nos propiciar a autoiluminação desejada, já no aqui e no agora, permitindo-nos o acesso ao reino interno apresentado com doçura, simplicidade e beleza pelo Mestre Jesus.

As chaves teóricas e práticas para abrirmos a porta que nos conduz a esse reino especial, presente em cada um de nós, estão descritas no capítulo 5 do evangelho de *Mateus*, "Sermão do monte".

Conhecer e vivenciar com regularidade práticas de meditação é também ter *ouvidos de ouvir, olhos de ver* e *coração para sentir*. É reconhecer e fazer brilhar a luz interior que todos indistintamente possuímos e que, à revelia de nossos complexos, culpas, níveis excessivos e neuróticos de cobranças e negações, ainda segue conosco.

É um despertar para a nossa natureza essencial, divina, sem qualquer ranço narcisista; é poder romper com a baixa autoestima, olhando com mais vagar e generosidade para quem somos, acolhendo-nos com aceitação e carinho.

É aguçar ainda mais a sensibilidade para entender e sentir os postulados cristãos restaurados pelo espiritismo.

É integrar razão e sentimento, cognição e espiritualidade, autoamor e amor ao próximo.

É poder caminhar com mais leveza no mundo, encontrando maior equilíbrio diante dos desafios internos e externos que surgem a todo momento em nossa jornada.

Mas, que fique bem claro: ninguém é obrigado a praticar meditação. Há quem tenha vivido sem ela até hoje e queira permanecer assim. Milhões de criaturas a desconhecem e seguem encontrando outras chaves e abrindo portas de acesso ao mundo de si mesmos.

Esperamos, portanto, que essa nossa singela contribuição tenha promovido algumas reflexões e despertado ao menos um pouco de curiosidade em você, caso nunca tenha meditado.

E, por outro lado, se você é alguém que medita regularmente, que tenhamos trazido algum estímulo para que prossiga, beneficiando-se de tudo aquilo que já sabe e que sente que a meditação pode trazer de bom para a sua vida. E, se desejar, multiplique esse conhecimento!

Um abraço cheio de gratidão por nos ter acompanhado até aqui!

*Conhecer e vivenciar a meditação é também ter ouvidos de ouvir, olhos de ver e coração para sentir.
É um despertar para a nossa natureza divina. É entender e sentir os postulados cristãos restaurados pelo espiritismo.
É integrar razão e sentimento, cognição e espiritualidade, autoamor e amor ao próximo.*

Sugestões de leitura e aprofundamento

› *Swami* Vivekananda. *Bhakti-Yoga: o caminho do amor*. Vedanta.
› James Nestor. *Respire: a nova ciência de uma arte perdida*. Trad. Petê Rissatti. Intrínseca.
› Monja Coen. *Aprenda a viver o agora*. Academia.

VI

MOMENTO
ESPÍRITA

**A meditação é recurso valioso
para uma existência sadia e tranquila.**

VOCÊ MEDITA?
Caso sua resposta tenha sido não, é sempre tempo de começar.
Através dela o homem adquire o conhecimento de si mesmo, penetrando na sua realidade íntima e descobrindo recursos que nele dormem inexplorados.

Meditar significa reunir os fragmentos da emoção num todo harmonioso que elimina as fobias e ansiedades, liberando os sentimentos que aprisionam o indivíduo, impossibilitando-lhe o avanço para o progresso.

As pressões e excitações do mundo agitado e competitivo, bem como as insatisfações e rebeldias íntimas, geram um campo de conflito na personalidade.

Esse campo de conflito termina por enfermar o indivíduo que se sente desajustado.

A meditação propõe a terapia de refazimento, conduzindo-o aos valores realmente legítimos pelos quais deve lutar.

Não se faz necessária uma alienação da sociedade. Tampouco a busca de fórmulas ou de práticas místicas ou a imposição de novos hábitos em substituição dos anteriores.

Algumas instruções singelas são úteis para quem deseje renovar as energias, reoxigenar as células da alma e revigorar as disposições otimistas.

A respiração calma e profunda, em ritmo tranquilo, é fator essencial para o exercício da meditação.

Logo após, o relaxamento dos músculos, eliminando os pontos de tensão nos espaços físicos e mentais, mediante a expulsão da ansiedade e da falta de confiança.

Em seguida, manter-se sereno, imóvel quanto possível, fixando a mente em algo belo, superior e dinâmico. Algo como o ideal de felicidade, além dos limites e das impressões objetivas.

Esse esforço torna-se uma valiosa tentativa de compreender a vida, descobrir o significado da existência, da natureza humana e da própria mente.

Por esse processo, há uma identificação entre a criatura e o Criador, compreendendo-se, então, quem somos, por que e para que se vive.

Esse momento não deve ser interrogação do intelecto. É de silêncio.

Não se trata de fugir da realidade objetiva, mas de superá-la.

Não se persegue um alvo à frente. Antes, se harmoniza o todo.

O indivíduo, na sua totalidade, medita, realiza-se, libera-se da matéria, penetrando na faixa do mundo extrafísico.

* * *

Crie o hábito da meditação, após as fadigas.

Reserve alguns minutos ao dia para a meditação, para a paz que renova para outras lutas.

Terminado o seu refazimento, ore e agradeça a Deus a bênção da vida, permanecendo disposto para a conquista dos degraus de ascensão que deve galgar com otimismo e vigor.[80]

---

[80] Momento Espírita. *Necessidade da meditação.* Baseado em: Espírito Joanna de Ângelis, Divaldo Pereira Franco. *Alegria de viver.* Salvador: LEAL. Cap. 16. Disponível em: http://momento.com.br/pt/ler_texto.php?id=4673&stat=3&palavras=medita%C3%A7%C3%A3o&tipo=t. Acesso em: 30 out. 2020. Acesse o link para ouvir este texto narrado.

COMPREENDA
A VIDA, DESCUBRA
O SIGNIFICADO
DA EXISTÊNCIA,
DA NATUREZA
HUMANA

E da
própria mente.
Identifique-se
com o criador.
Medite!

MEDITAÇÃO ESPIRITISMO

© 2022 by Infinda

DIRETOR GERAL
Ricardo Pinfildi

DIRETOR EDITORIAL
Ary Dourado

CONSELHO EDITORIAL
Ary Dourado
Ricardo Pinfildi
Rubens Silvestre

DIREITOS DE EDIÇÃO
Editora Infinda [Instituto Candeia]
CNPJ 10 828 825/0001-52   IE 260 180 920 116
Rua Minas Gerais, 1 520 [fundos] Vila Rodrigues
15 801-280 Catanduva SP
17 3524 9800   www.infinda.com

DADOS INTERNACIONAIS DE CATALOGAÇÃO NA PUBLICAÇÃO
[CIP Brasil]

S1321m

SAID, Cezar [*1968].
    Meditação e espiritismo / Cezar Braga Said,
    Sylvia Vianna Said. – Catanduva, SP: Infinda, 2022.

    208 p. ; 15,7 × 22,5 × 1,1 cm

    ISBN   978 85 92968 16 8

1. Meditação.   2. Espiritismo.   3. Prática meditativa.
4. Atenção plena   5. Psicologia aplicada.   6. Saúde.
7. Espiritualidade.   8. Autoconhecimento.
9. Aperfeiçoamento pessoal.
I. Said, Sylvia Vianna.   II. Título.

                               CDD 158.128   CDU 159.98

ÍNDICES PARA CATÁLOGO SISTEMÁTICO
1. Meditação : Aperfeiçoamento pessoal
      : Psicologia aplicada   158.128

EDIÇÃO
1.ª ed. | junho de 2022 | 5 mil exs.

Impresso no Brasil   *Printed in Brazil*   Presita en Brazilo

COLOFÃO

título
Meditação e espiritismo

autoria
Cezar Braga Said
Sylvia Vianna Said

edição
1.ª

editora
Infinda [Catanduva SP]

ISBN
978 85 92968 16 8

páginas
208

tamanho miolo
15,5 × 22,5 cm

tamanho capa
15,7 × 22,5 × 1,1 cm [orelhas de 9 cm]

capa
Ary Dourado

foto autores
Robson Cassimiro

revisão
Beatriz Rocha

projeto gráfico
Ary Dourado

diagramação
Ary Dourado

composição
Adobe InDesign 17.2.1 x64
[Windows 10]

tipografia capa
[Artyway]
Futurism Regular 28
[Latinotype]
Branding SemiLight 18/22,5
Branding SemiBold 11,2/16
Branding Medium 14/16
Branding Medium [10; 15]/[12,5; 20]

tipografia texto principal
[Latinotype]
Branding Medium 12/15

tipografia intertítulo
[Latinotype]
Branding SemiBold 12/15

tipografia citação
[Latinotype]
Branding MediumItalic 10/15

tipografia epígrafe
[Latinotype]
Branding SemiBoldItalic 12/15

tipografia olho
[Latinotype]
Branding MediumItalic 15/15

tipografia títulos
[Artyway]
Futurism Regular
[24; 36; 240]/[30; 36; 240]

tipografia bibliografia
[Latinotype]
Branding SemiBold 12/15
Branding Medium 12/15

tipografia fólio
[Latinotype]
Branding Light 15/15

tipografia dados
[Latinotype]
Branding SemiBold 10/12

tipografia colofão
[Latinotype]
Branding Medium 9/12
Branding Bold 9/12

mancha
103,3 × 156,5 mm, 30 linhas
[sem fólio]

margens
17,2 : 25 : 34,4 : 43,5 mm
[interna : superior : externa : inferior]

papel miolo
ofsete Suzano Alta Alvura 75 g/m²

papel capa
cartão Suzano
Supremo Alta Alvura 250 g/m²

cores miolo
2 × 2
ciano escala e magenta escala

cores capa
4 × 2
CMYK ×
ciano escala e magenta escala

tinta miolo
Toyo

tinta capa
Toyo UV

pré-impressão
CTP em Platesetter Kodak
Trendsetter 800 III

provas miolo
RICOH Pro C5100s

provas capa
Canon IPF 6400

impressão
processo ofsete

impressão miolo
Heidelberg Speedmaster SM 102-8

impressão capa
Komori Lithrone S29

acabamento miolo
cadernos de 32 pp. e 16 pp.,
costurados e colados

acabamento capa
brochura com orelhas
laminação BOPP fosco
verniz UV brilho com reserva

pré-impressor e impressor
Lis Gráfica e Editora
[Guarulhos, SP]

tiragem
5 mil exemplares

produção
junho de 2022

Ótimos livros podem mudar o mundo. Livros impressos em papel certificado FSC® de fato o mudam.